Sendero Luminoso y los Hacedores de Paz

El triunfo sobre el terrorismo de la iglesia en Perú

David Miller

Publicado originalmente en inglés en 2001 por
Triangle, SPCK,
Marylebone Road,
London NW1 4DU

Derechos de autor © David Miller 2025
Todos los derechos reservados.

No se permite la reproducción total o parcial, almacenamiento, transmisión por medios electrónicos o mecánicos, la modificación en cualquier forma de este libro, fotocopiar, digitalizar o reproducirlo por otros métodos, sin el previo permiso escrito del autor.

A menos que se indique lo contrario, las citas bíblicas son tomadas de la Versión Reina Valera, Revisión 1960.

ISBN 978-0-9916358-7-0

Corrección de copia por Patricia Alandia Mercado
Portada diseño: Camila Velarde Butrón

*Para Sarah, Benjamin,
Molly y Carmen,*
cuatro de los mejores

Bienaventurados los pacificadores, porque ellos serán llamados hijos de Dios. (*Mateo 5:9*)

Libros por David Miller

El Señor de Bellavista
La historia dramática de una prisión transformada

Canto de Viracocha
*El impacto del evangelio en
los pueblos andinos de Bolivia*

La Vida en el Espíritu
Descubriendo una relación sana y santa con Dios

En Inglés

To Russia with God's Love
When the Cold War yielded to the Prince of Peace
(with Mark Shaner)

The Lord of Bellavista
The dramatic story of a prison transformed

The Path and the Peacemakers
The triumph over terrorism of the church in Peru.

Song of the Andes
*The impact of the gospel on
he Andean peoples of Bolivia*

Southward Bound
*The adventure and wonder of road trips
through Latin America*

Contenido

Lista de personas vi
Un día con terroristas 1
Los Inca de Huamanga 19
Los inicios de Paz y Esperanza 37
Los Asháninka 55
Negocio peligroso 70
La reunión 89
Éxodo en el tiempo de Los Dolores 107
Verdades contundentes 125
Retorno a Huamanga 142
La batalla por Poyeni 160
Abogado de abogados 174
Perdonado 192
Agradecimientos 204

Lista de personas

Arana, Pedro. Vicepresidente del Consejo Nacional de Evangélicos del Perú (CONEP) y presidente fundador de la Comisión Paz y Esperanza.

Araujo, Badd. Evangelista itinerante en Tingo María que compartió a Cristo con el comandante senderista Jorge Ríos.

Artaza, Álvaro (Capitán). Comandante de la patrulla de Infantería de Marina que mató a seis miembros de la Iglesia Presbiteriana en Callqui en 1984.

Aurelio, Alejandro. Líder cristiano de Potsoteni que organizó la evacuación clandestina de varias familias del pueblo en febrero de 1989. Hermano de Pedro Aurelio.

Aurelio, Pedro. Evangelista asháninka de Potsoteni y estudiante de teología en la Misión Indígena Suiza cerca de Pucallpa. Hermano de Alejandro Aurelio.

Belaúnde Terry, Fernando. Presidente del Perú, 1980-1985.

Benson, Bruce. Misionero estadounidense secuestrado por Sendero Luminoso en Llata, en mayo de 1989.

Benson, Bryan. Hijo de Bruce y Jan Benson.

Benson, Jan (esposa de Bruce). Misionera estadounidense secuestrada por Sendero Luminoso en Llata en mayo de 1989.

Calderón, Alejandro. Gran Jefe de los asháninkas. Secuestrado y posteriormente asesinado por el

Movimiento Revolucionario Túpac Amaru (MRTA) en 1989.

Cecilio, Natividad Araníbar (Sra.) Esposa de Pablo Cecilio, pastor de la Iglesia Evangélica Asháninka. Hecha prisionera por Sendero Luminoso en 1991.

Cecilio, Pablo. Pastor de la Iglesia Evangélica Asháninka. Hecho prisionero por Sendero Luminoso en 1991.

Chuchón, Avilio. Hijo de Juan Carlos y Pelagia Salcedo.

Chuchón, Juan Carlos. Albañil, originario de San Francisco de Pujas, Ayacucho. Detenido junto con su esposa Pelagia en diciembre de 1992 y encarcelado en Yanamayo por traición al Estado.

Chuchón, Marlene. Hija de Juan Carlos y Pelagia Salcedo.

Chuchón, Pelagia Salcedo (Sra.) Madre de tres hijos. Detenida junto a su marido, Juan Carlos, en diciembre de 1992 y encarcelada en Chorrillos por traición al Estado.

Coveña, Cornejo (Coronel). Gobernador del penal de Chorrillos.

Curi, Teófila. Cristiana evangélica encarcelada con Antonia Jaimes en Chorrillos.

Díaz, Augusto. Pastor de la Iglesia Evangélica Asháninka en Tsiriari. Exiliado con su familia cuando Sendero Luminoso ocupó el pueblo en mayo de 1990.

Efraín. Guardaespaldas de Jorge Ríos en San Jorge.

Emerson, Homer. Misionero y lingüista estadounidense. Colaboró con Rómulo Sauñe y su esposa Donna Jackson en la traducción de la *Biblia de Ayacucho*.

Fajardo, Alfredo. Acompañó a Rómulo Sauñe en su última visita a Chakiqpampa en septiembre de 1992. Posteriormente se unió al personal de Runa Simi con Josué Sauñe.

Fajardo, Margarita (esposa de Alfredo). Acompañó a Rómulo Sauñe en su última visita a Chakiqpampa en septiembre de 1992.

Ferreira, Pedro. Director de Radio Pacífico en Lima. Organizó un movimiento nacional de oración en mayo de 1989 para interceder por la pacificación del Perú.

Friesen, Maurine. Misionera estadounidense y madre de cinco hijos. Con su esposo Paul, inició trabajo entre los asháninkas en 1960.

Friesen, Paul. Misionero estadounidense y profesor de Biblia. Con su esposa Maurine, inició trabajo entre los asháninkas en 1960.

Fujimori, Alberto. Presidente del Perú de 1990-2000.

García, Ismael. Suegro de Demetrio Sauñe que vivía en Ocros, donde la Infantería de Marina encarceló a sospechosos de Sendero Luminoso.

Guzmán, Abimael. Profesor de Filosofía en la Universidad Nacional San Cristóbal de Huamanga en Ayacucho. Fundó Sendero Luminoso en 1970.

Izarra, Simón. Predicador quechuista en Ayacucho que ayudó a Justiniano Quicaña recibir a Cristo.

Jaimes, Antonia Alfaro (Sra.) Detenida junto a su marido Benito en noviembre de 1992 y encarcelada en Chorrillos por cargos de terrorismo.

Jaimes, Benito. Detenido junto con su esposa Antonia en noviembre de 1992 y encarcelado en Castro Castro por cargos de terrorismo.

Jaimes, Kelly. Hija mayor de Benito y Antonia Jaimes.

Jaimes, Rodolfo. Hijo mayor de Benito y Antonia Jaimes.

Mallea, Cristina (Sra.) Esposa de Juan Mallea y Maestra de escuela en Lima. Pidió a la Comisión Paz y Esperanza a defender a su esposo contra acusaciones de terrorismo.

Mallea, Juan. Taxista limeño detenido en julio de 1993 y acusado de participar en la masacre de la Universidad La Cantuta.

Matías, Rubén. Pastor ciego de la Iglesia Alianza Cristiana y Misionera en San Jorge. Condujo a Jorge Ríos a Cristo.

Meza, Caleb. Sucesor de Pedro Arana como presidente de la Comisión Paz y Esperanza.

Mora, José Pablo. Abogado de derechos humanos contratado por la Comisión Paz y Esperanza para defender a Juan Mallea.

Palomino, Miguel Ángel. Presidente del CONEP quien ayudó a organizar la Comisión Paz y Esperanza.

Paredes, Tito. Cofundador, junto a Pedro Arana, de la Comisión Paz y Esperanza.

Pérez, Rolando. Periodista limeño y miembro del personal de la Comisión Paz y Esperanza.

Phelps, Conrad. Misionero y lingüista estadounidense. Colaboró con Rómulo Sauñe y Donna Jackson en la traducción de la *Biblia de Ayacucho*.

Phelps, Irma (esposa de Conrad). Originario del Cuzco y colaboradora con Rómulo y Donna Sauñe en la traducción de la *Biblia de Ayacucho*.

Pinazo, Marco Antonio. Nieto de Justiniano Quicaña y Teófila Avilés. Asesinado por Sendero Luminoso, junto con otros tres parientes, el 5 de septiembre de 1992.

Presidente Gonzalo. Nombre clave de Abimael Guzmán, el fundador de Sendero Luminoso.

Quicaña, Miguel Arcángel. Hijo de Justiniano Quicaña y Teófila Avilés. Sobrevivió a una emboscada de Sendero Luminoso el 5 de septiembre de 1992, en la que murieron cuatro parientes varones. Posteriormente elegido al Congreso de la República del Perú.

Quicaña, Antonia. Hija de Justiniano Quicaña y Teófila Avilés. Sendero Luminoso asesinó a su hijo Josué y a otros tres parientes varones el 5 de septiembre de 1992.

Quicaña, Fernando. Hijo mayor de Justiniano Quicaña y Teófila Avilés. Junto a su madre, aceptó a Cristo en 1957 en Chakiqpampa.

Quicaña, Justiniano. Agricultor, pastor de iglesia quechua y evangelista cristiano de Chakiqpampa, Ayacucho. Descendiente de Huamán Inca Quicaña.

Quicaña, Teófila Avilés (Sra.) Primera creyente evangélica convertida en Chakiqpampa. Madre de Zoila, Fernando, Rufina, Antonia y Miguel Arcángel Quicaña.

Regalado, José. Abogado limeño y miembro del personal de la Comisión Paz y Esperanza.

Regalado, Ruth Alvarado (Sra.) Abogada limeña y miembro del personal de la Comisión Paz y Esperanza.

Ríos, Isabel del Carmen Santamaría (Sra.) Se casó con Jorge Ríos en diciembre de 1993 en Buenos Aires.

Ríos, Jorge. Miembro de Sendero Luminoso que participó en el secuestro de Bruce, Jan y Bryan Benson. Posteriormente aceptó a Cristo mientras comandaba un batallón senderista en San Jorge.

Saico, Vicente. Director de una emisora de radio cristiana en Huanta. Primero en destapar públicamente los asesinatos de seis miembros de la Iglesia Presbiteriana en el pueblo cercano de Callqui.

Santoma, Rafael. Evangelista asháninka de Camajeni cuyo hermano, Pablo, fue asesinado por Sendero Luminoso.

Sauñe, Demetrio. Primo hermano de Rómulo, Josué y Rubén Sauñe. Enfrentó a Sendero Luminoso por disputa de tierras en Ayacucho.

Sauñe, Donna Jackson (Sra.) Hija de misioneros americanos en Perú. Se casó con Rómulo Sauñe en 1977 y asumió la presidencia de Runa Simi después de la muerte de su esposo.

Sauñe, Enrique. Evangelista quechua de Chakiqpampa, Ayacucho. Esposo de Zoila Quicaña y padre de Rómulo, Josué y Rubén Sauñe.

Sauñe, Josué. Nieto de Justiniano Quicaña y hermano menor de Rómulo Sauñe. Llegó a formar parte del directorio de Runa Simi.

Sauñe, Lorenzo y Guadalupe (Sra.) Cristianos quechuas de Chakiqpampa, Ayacucho. Padres de Enrique Sauñe.

Sauñe, Missy Aspa (Sra.) Originaria de Arizona, EE.UU. Se casó con Joshua Sauñe en 1970.

Sauñe, Rómulo. Nieto de Justiniano Quicaña y Teófila Avilés. Traductor al quechua de la *Biblia de Ayacucho* y fundadora, con su esposa Donna Jackson, de Runa Simi.

Sauñe, Rubén. Nieto de Justiniano Quicaña y Teófila Avilés. Hermano menor de Rómulo y Joshua Sauñe.

Sauñe, Zoila Quicaña (Sra.} Hija mayor de Justiniano Quicaña y Teófila Avilés. Esposa de Enrique Sauñe y madre de Rómulo, Josué y Rubén Sauñe.

Torribio, Alfonso. Pastor de la Iglesia Evangélica Asháninka en Poyeni.

Trisollini, Carlos. Italiano-quechua originario de Ayacucho. Amigo de infancia de Josué y Rubén Sauñe.

Vargas, Germán. Abogado limeño, miembro del personal de la Comisión Paz y Esperanza.

Velando, Máximo. Terrorista del Movimiento de Izquierda Revolucionaria (MIR) que protagonizó un breve levantamiento en territorio de los asháninkas en 1965.

Wieland, Alfonso. Sucesor a Caleb Meza como director de la Comisión Paz y Esperanza.

Yupanqui, Lea. Nieta de Justiniano Quicaña y Teófila Avilés. Secuestrada y torturada por las fuerzas de seguridad en noviembre de 1982 mientras estudiaba en la Universidad Nacional de San Cristóbal de Huamanga en Ayacucho.

Yupanqui, Rafael. Pastor de la Iglesia Presbiteriana de Ayacucho. Padre de Lea Yupanqui.

Yupanqui, Rufina Quicaña (Sra.) Hija de Justiniano Quicaña y Teófila Avilés. Madre de Lea Yupanqui.

Mapa de Perú

1

Un día con terroristas

Huamalíes, 31 de mayo de 1989

Bruce Benson no podía creer lo que estaba sucediendo.

Eran cerca de las 8:00 horas de la mañana. Él, Jan y su hijo Bryan, de 14 años, habían viajado dos horas desde Llata rumbo a su casa en Huánuco. Misioneros y traductores de la Biblia con la misión Wycliffe, los Benson habían pasado la última quincena en Llata, pequeño pueblo situado en la cordillera de los Andes peruanos. Durante su estadía, la familia trabajó en una traducción de las Escrituras al quechua y participó en una conferencia de la Iglesia Alianza Cristiana y Misionera. Se sentían ansiosos por llegar a casa y ver a sus hijas Kristen y Kara, quienes se habían quedado en Huánuco con amigos de la familia. Pero los Benson no regresarían a casa ese día.

Al tomar una curva, Bruce tuvo que frenar repentinamente para evitar chocar contra un camión grande parado en medio del estrecho camino de tierra. En cuestión de segundos, hombres y mujeres jóvenes, vestidos de militares, saltaron de los costados del camión, rodearon el auto de los Benson y les apuntaron a sus caras con armas de fuego.

"¡Salgan de allí!", gritaron. "¡Vamos a quemar su coche!".

Inmediatamente Bruce se dio cuenta de que eran terroristas de Sendero Luminoso. Suspiró una breve oración, tal vez sería la última. Todo lo que sabía sobre

Un día con terroristas

Sendero Luminoso indicaba que enseguida arrastrarían a él, a Jan y a Bryan a un lado del camino para matarlos.

La imagen de los rostros de Kristen y Kara enterándose de la muerte de sus padres pasó por la mente de Jan Benson. Aún más aterradora para ella fue la idea de ver a Bryan morir a manos de los terroristas. O tal vez el chico se vería obligado a presenciar la tortura de sus padres o a mirar mientras los desmembraran. Entonces ella pronunció una breve oración desesperada: "Señor, ¡ayúdanos, por favor!".

Mientras los terroristas se acercaban, Jan escuchó a Bryan decir en voz baja: "Te amo, Jesús".

"¿Quiénes son ustedes y qué hacen aquí?", los terroristas preguntaron a gritos, cuando Bruce salió del auto.

"Somos misioneros", respondió. "Estamos de camino a casa desde Llata".

Miró a sus captores. Eran unos 45 terroristas, algunos no mucho mayores de edad que Bryan. Todos portaban armas de fuego y cuchillos. Algunos portaban granadas, dinamita o explosivos plásticos. Obviamente habían ido a luchar contra fuerzas mayores que una familia de tres.

* * *

De hecho, Sendero Luminoso existía para luchar contra la nación del Perú. Abimael Guzmán Reynoso, profesor de Filosofía en Ayacucho y miembro del Partido Comunista, lanzó el movimiento en 1970, poco después de ser encarcelado en la prisión de Lurigancho por ayudar a organizar protestas antigubernamentales entre campesinos.

Como leal comunista, Guzmán basó su visión utópica socialista en las enseñanzas de Karl Marx. Como comunista radical, se prestó a los métodos revolucionarios de Mao Zedong.

Las enseñanzas de Mao habían inspirado la revolución cultural en China. Ese intento de reinventar la sociedad china estaba en pleno apogeo cuando Guzmán comenzó a realizar sus planes para una insurrección en Perú. Visitó la República Popular de China dos veces durante sus años de formación para estudiar el pensamiento de Mao y aprender sus tácticas de terror. Sus estudios y experiencia de primera mano llevaron al filósofo ayacuchano a enamorarse de la doctrina radical de "la revolución de base cero" de Mao.

La revolución de base cero fue la cualidad que distinguía a Sendero Luminoso de cualquier otro movimiento terrorista, pasado o presente, visto en América Latina. Otros grupos terroristas parecían moderados —incluso humanos— en comparación con Sendero Luminoso. El Movimiento Revolucionario Túpac Amaru, o MRTA como se le conocía por sus siglas, operaba en Perú al mismo tiempo que Sendero Luminoso, y en ocasiones cooperaba con los seguidores de Guzmán. Pero la alianza nunca podría ser duradera, ya que el objetivo del MRTA era sólo poner de rodillas al Estado y obligar al gobierno a negociar sus demandas de cambios en la estructura social de Perú. Sendero Luminoso, en cambio, no se detendría hasta haber aniquilado de una vez y para siempre al gobierno, al Estado y a la estructura social del Perú.

Así como la revolución cultural había intentado volver el reloj social a cero en China, destruyendo la sociedad para luego reconstruirla y convertirla en una utopía socialista, Sendero Luminoso se propuso reducir Perú a un Estado primitivo, o proto estado, para recrear el país según el modelo comunista. Éste era su ideal. La realidad fue muy diferente. El dolor, el sufrimiento y las dificultades que sufrió la República Popular de China durante los años de la revolución cultural son tan vastos que es imposible cuantificarlos. En el caso de Perú, los burócratas gubernamentales hicieron números y estimaron, más o menos, cuánto costó al país la revolución de Sendero Luminoso: 70 mil muertos, 100 mil huérfanos, un millón de desplazados, más de 25 mil millones de dólares en pérdidas materiales.

Sendero Luminoso realizó este atroz desastre nacional con el apoyo de una pequeña minoría de la población. En las dos décadas que encabezó el movimiento, Guzmán logró reclutar solo de 10 a 15 mil seguidores armados. La gran mayoría era universitarios, campesinos y adolescentes. Los convirtió en una despiadada fuerza de combate mediante un adoctrinamiento incesante y una disciplina estricta, bajo castigos brutales en caso de insubordinación.

Las tropas que integraban las filas de Sendero Luminoso nunca conocieron personalmente a Guzmán, ni siquiera habían visto una fotografía del hombre. Se referían a él siempre con su nombre clave, "Presidente Gonzalo". A pesar de la falta de contacto personal (o tal vez debido a ella), desarrollaron una feroz lealtad hacia su líder revolucionario.

Partido Comunista de Perú Sendero Luminoso fue el nombre oficial que Guzmán dio a su organización. En la conversación informal, los peruanos la acortaron simplemente a "Sendero", por lo que los seguidores del movimiento se denominaron "senderistas".

* * *

Pocas personas que cayeron en manos de los senderistas en caminos desiertos en medio de los Andes vivieron para contarlo, especialmente si eran extranjeros indefensos. El fin de semana antes de que Sendero capturara a los Benson, el ciudadano británico Edward Collins Barthley, de 25 años, realizaba un viaje mochilero por las tierras altas de Huaraz. Se detuvo en el pequeño pueblo de Olleros para pasar la noche en uno de los edificios municipales. Sendero invadió el lugar y sorprendió a Barthley, disparándole en la pierna cuando intentaba salir corriendo del edificio. Luego, los terroristas arrastraron al joven hasta la plaza del pueblo y le dispararon en el corazón.

La misma semana, en las montañas cercanas a Ayacucho, Sendero capturó a Bárbara D'Achille, reconocida periodista peruana que reportaba sobre el medio ambiente. Ella recorría la zona en la preparación de un reportaje sobre proyectos agrícolas. Los senderistas exigieron a D'Achille que escribiera un artículo sobre ellos en el que presentara a Sendero al mundo de manera heroica. Ella se negó rotundamente a hacerlo, dando a conocer su opinión personal sobre Sendero Luminoso y el Presidente Gonzalo. Su opinión no agradó a los senderistas, quienes respondieron torturando brutalmente a la mujer. Luego la apedrearon hasta la muerte.

La mañana de su detención, Bruce, Jan y Bryan Benson estaban parados juntos en medio del camino mientras los senderistas discutían qué hacer con ellos.

"Saquen sus cosas del vehículo", les ordenaron. "Vamos a quemarlo".

Los Benson comenzaron a descargar el vehículo. Contenía un generador eléctrico, un proyector de cine, películas, maletas y cajas de enseres domésticos que trasladaban a su casa de Huánuco desde una cabaña cerca de Llata, donde se hospedaban en sus visitas al pueblo. Habían retirado solo una parte de sus pertenencias cuando los senderistas cambiaron de opinión.

"Dejen las cosas ahí", dijeron. "Vamos a decomisar su auto. Suban al camión, vendrán con nosotros".

Jan Benson subió a la tolva de la carrocería del camión y se sentó en un banco colocado allí. Esta emboscada se tornó en la más aterrorizante experiencia de su vida. Ella se preguntaba qué haría Sendero con ellos. Quizá elegiría un momento más oportuno para matarlos en público, ante una multitud de campesinos rurales después de haberlos condenado como imperialistas yanquis en un juicio revolucionario. O, tal vez ése sería el comienzo de varios meses de cautiverio. Suponía que los matarían a Bruce, Bryan y a ella, pero se preguntaba si antes los torturarían. Jan comenzó nuevamente a orar en silencio.

"Usted, suba a la cabina conmigo", dijo uno de los terroristas a Bruce. "Tenemos que hablar". Bruce subió al asiento delantero del camión y se sentó entre el chofer y el comandante. La pequeña caravana se puso en marcha de vuelta a Llata por el estrecho camino de tierra.

"¿Quiénes son y qué hacen aquí?", el terrorista preguntó a Bruce.

"Como le dije antes, somos misioneros. Trabajamos estas semanas en Llata. Esta mañana estábamos saliendo rumbo a casa".

"Gente religiosa, ¿eh?", dijo el terrorista. "Creemos, con Marx, que la religión es el opio del pueblo. Sin embargo, estamos dispuestos a permitir que la gente elija. Si eligen eso, es asunto suyo. Pero no creemos que les sirva para nada".

Bruce sintió sus tensos músculos relajearse un poco. Parecía que el joven no lo odiaba tanto. Se aventuró a responder.

"Durante el tiempo que llevo aquí trabajando con esta gente, he descubierto que la vida es dura. Pero las personas que tienen la religión en sus vidas tienen esperanza. Les da algo por lo cual vale la pena vivir."

"No, no lo creo", dijo su compañero de asiento. "La religión no es de utilidad para nadie".

Durante las próximas dos horas, Bruce mantuvo una discusión esporádica sobre religión y política con el joven. La conversación no logró cambiar a ninguno de los dos sus puntos de vista. Sin embargo, Bruce sentía que, cuanto más se pudiera comunicar a nivel personal con sus captores, sería mayor la posibilidad de que su familia sobreviviera.

Mientras tanto, Jan conversaba con una de las jóvenes en la carrocería del camión. Se enteró de que los senderistas estaban yendo a "liberar" Llata, la capital provincial de Huamalíes. Eso explicaba por qué los senderistas estaban tan fuertemente armados. Por suerte, no encontraban soldados ni policías en el camino, entonces la liberación sería pacífica. Esta fue la primera respuesta a las oraciones de Jan.

Los habitantes de Llata se sorprendieron al ver a la familia Benson, que había salido apenas hacía unas horas, llegar al pueblo esa mañana con Sendero. Pequeños escuadrones de terroristas se apostaron en diferentes oficinas públicas para tomar los edificios y cortar las redes de comunicación. Algunos tomaron el hospital y vaciaron su botica de medicamentos. Otros fueron de puerta en puerta ordenando a los residentes de Llata cerrar sus tiendas, abandonar sus casas y reunirse en la plaza para una reunión comunal.

Cuando el camión pasó por delante del edificio municipal, Jan reconoció al alcalde, de pie en la puerta y atado con una soga. La chica sentada al lado de Jan comentó que Sendero planeaba matar al alcalde luego de un juicio revolucionario. Una vez más, Jan empezó a orar en silencio.

Huamanga, 1989

Los campesinos de Paccha todavía dormían en las horas de esa madrugada de diciembre cuando un centenar de terroristas de Sendero Luminoso ingresó sigilosamente en el pueblo. Los senderistas iban casa por casa, sacando a las familias de sus camas y llevándolas a punta de pistola a la plaza central. Allí, el pueblo de Paccha escuchó en silencio un discurso del comandante de los senderistas.

Este dijo que Sendero había ido a Paccha con interés en la "justicia revolucionaria". El delito de los aldeanos, dijo, había sido cooperar con las Fuerzas Armadas del Perú para organizar una ronda —un Comité de Defensa Civil, como se conocía oficialmente— para proteger su pueblo. Esto correspondía a una rebelión contra Sendero, cosa que no se podía tolerar. Los campesinos no negaron la acusación. Por supuesto que habían formado una ronda campesina. Si no lo hubieran hecho, el mismo Ejército los habría castigado por ser simpatizantes de los terroristas.

El brusco comandante leyó una lista de nombres compilada por espías de Sendero, que habían vigilado Paccha y las comunidades cercanas en los últimos meses. Los terroristas sacaron de la muchedumbre a los indicados, 22 líderes civiles y jóvenes de la ronda. Les ataron las manos a la espalda y los arrojaron boca abajo al suelo. Mientras esto sucedía, otros senderistas condujeron a las mujeres y a los niños dentro de un edificio cercano. Allí no pudieron ver, pero sí escuchar lo que sucedió después.

Las mujeres no escucharon ningún disparo. "No desperdiciamos balas con gente como ustedes", dijeron los senderistas a los hombres postrados en la plaza. "Guardamos nuestras municiones para blancos más importantes".

Esta afirmación era cierta. Sendero había aprendido que los métodos de asesinato más económicos eran también los más aterradores. Los senderistas se habían ganado una reputación por la crueldad con la que ejecutaban las atrocidades más espantosas, como la cometida en una estrecha carretera que iba de la selva hacia la cordillera.

Una noche cerca de Tapuna, un camionero encontró a ocho hombres jóvenes tirados boca abajo en la carretera. El chofer frenó justo a tiempo para evitar atropellarlos. De repente, varios cañones de armas le apuntaron en la cara. Los senderistas le ordenaron que avanzara con el camión. El chofer protestó. Pensar en lo que eso significaba le revolvió el estómago. Los terroristas le dieron una opción: o pasaba por encima de los jóvenes que yacían en la carretera o los senderistas lo matarían y conducirían el camión ellos mismos.

El camionero tragó saliva, cerró los ojos y puso su vehículo en marcha. No se detuvo hasta que había puesto varios kilómetros entre él y Tapuna. Más tarde, el chofer supo que los terroristas obligaron a un segundo camionero a atropellar a las ocho víctimas para rematarlas, pero la noticia no logró consolarlo.

En aquella madrugada de diciembre en Paccha, las mujeres y los niños solo oyeron gritos de dolor. Transcurrió media hora, mientras los senderistas aplastaban con piedras pesadas los cráneos de los 22 hombres y jóvenes que yacían en la plaza. Algunos de los campesinos no morían fácilmente, lo que obligaba a los terroristas a utilizar bayonetas y machetes para finalizar la tarea.

Los senderistas salieron del pueblo con el sol naciente. Se marcharon tan silenciosamente como habían llegado, dirigiéndose a pie hacia el norte con la esperanza de llegar a su base en Huancavelica antes de que el ejército enviara helicópteros artillados para perseguirlos. Detrás de la tropa sigilosa, se alzaban los gritos lúgubres de las esposas recién enviudadas y de los hijos e hijas ya huérfanos.

Mientras se desarrollaba esta tragedia en Paccha, Sendero aplicaba la justicia revolucionaria en los pueblos cercanos de Andabamba y Ccahuiñayocc. Debido a que estas comunidades eran más pequeñas y algunos de los campesinos tenían parientes entre los mismos senderistas, Andabamba y Ccahuiñayocc perdieron sólo 11 hombres en cada pueblo.

Más lejos estaba Chakiqpampa, comunidad que se había enterado con anticipación de la llegada de Sendero esa mañana, lo que les dio tiempo a los hombres de huir a los cerros. Todos se fueron excepto Justiniano Quicaña, anciano de 85 años. Evangelista cristiano y amante de la paz, Justiniano presumía que a Sendero no le interesaba matar a un hombre tan viejo como él. En esto se equivocó.

Un día con terroristas

* * *

Cuando los Benson llegaron a la plaza de Llata, sus amigos comenzaron a agruparse a su alrededor, preguntando si necesitaban ayuda.

"Por favor, mantengan la distancia", les aconsejaron los Benson. "Es mejor que los senderistas no los identifiquen con nosotros".

Bruce y Jan esperaban la muerte y no querían llevarse consigo a ninguno de los cristianos de Llata.

Cuando los mil ciudadanos de Llata se habían reunido en la plaza, comenzó el discurso. Un comandante senderista se puso de pie sobre una mesa e identificó a los intrusos como un ejército revolucionario popular marxista-leninista-maoísta, dedicado al "pensamiento del Presidente Gonzalo".

Enseguida el orador se dirigió al pueblo con un saludo obligatorio dirigido a Abimael Guzmán. Todos tenían que levantar el puño derecho en el aire y gritar: "¡Viva el Presidente! ¡Viva Gonzalo!". La gente del pueblo escuchó en silencio mientras los terroristas cantaron un himno a la revolución internacional. Los senderistas arriaron la bandera peruana que ondeaba en medio de la plaza e izaron una banderita roja con la hoz y el martillo.

Después de varias horas de discursos, anunciaron un "juicio revolucionario" a los funcionarios civiles de Llata. El alcalde, todavía atado, fue conducido ante la multitud. Jan Benson oraba aún más fervientemente que nunca. Este fue el momento que ella más temía, el momento en que se derramaría sangre y su hijo de 14 años se vería obligado a presenciarlo.

Ayacucho, 1986

Demetrio Sauñe sabía personalmente que la oración podía ayudar ante la justicia revolucionaria. Demetrio, de 28 años, era un hombre casado con dos hijos pequeños cuando recibió una carta de Sendero donde le advertían que tenía tres días para desaparecer de Ayacucho, caso contrario, lo matarían.

"¡Qué desgracia, Demetrio!", sollozó su esposa Victoria, cuando le comunicó el aviso. "¿Qué lío tienes con ellos?".

"Es el problema de los lotes abandonados en la Colonia Licenciado", explicó Demetrio. "Uno de los propietarios ausentes se quejó de mí ante los senderistas".

Como presidente de la Comisión de Vivienda de la Asociación de Veteranos, Demetrio iba atendiendo el problema en la Colonia Licenciado por casi un año. El gobierno había construido el nuevo barrio en un terreno baldío en las afueras de la ciudad para beneficiar a exsoldados y a sus familias. Después de pagar una cuota mensual que se destinaba principalmente a financiar los servicios de agua y electricidad, cada familia recibía el título de propiedad de un terreno en el que podía construir una casa.

La mayoría de los veteranos que recibieron tierras pagaban sus cuotas con regularidad. El problema surgió con los propietarios ausentes, muchos de los cuales habían abandonado Ayacucho debido a la violencia de Sendero Luminoso. Varios dejaron de pagar sus cuotas, obligando al resto de los veteranos a pagar cuotas más elevadas. En una de sus asambleas mensuales, los veteranos ordenaron a Demetrio a resolver el problema como presidente de la Comisión de Vivienda.

Demetrio hizo lo acostumbrado y legal. Publicó en los periódicos de Ayacucho un aviso que notificaba a los propietarios de lotes que tenían seis meses para pagar las cuotas morosas, caso contrario perderían sus títulos de propiedad. Cuando expiraron los seis meses, el periódico anunció un período de gracia de tres meses más. Cuando expiró el período de gracia, Demetrio anunció una extensión de tres semanas. Sólo cuando eso pasó, la Asociación de Veteranos tomó medidas para decomisar los lotes abandonados de los 32 propietarios que no habían hecho ningún intento de pagar sus cuotas.

Pero uno de los veteranos que perdió su propiedad se quejó ante un familiar de Sendero, alegando que Demetrio Sauñe lo había tratado injustamente. También alegó, falsamente, que Demetrio vendía los lotes y se embolsaba las ganancias. Junto con el asesinato y la mentira, el robo era una ofensa que Sendero castigaba con la muerte.

Sin embargo, Sendero castigaba otras ofensas más. Demetrio conocía de un hombre a quien los senderistas mataron por haber amenazado con golpear a su esposa. En otro incidente, un joven acusado de abusar sexualmente a una vecina fue ejecutado frente a la familia ofendida, quien luego admitió que probablemente era inocente después de todo. Cientos de residentes de Ayacucho sufrieron brutales represalias por delitos mucho menos graves que aquel por el cual acusaban a Demetrio.

"Tres días no es tiempo suficiente para vender nuestra casa y mudarnos", dijo Victoria a su marido. "¿Qué vamos a hacer?".

"Me voy a reunir con los senderistas", respondió Demetrio. "Quiero explicarles los hechos".

"¡Estás loco!", protestó Victoria con incredulidad. "¡Seguro que te matarán!". Ella empezó a llorar de nuevo.

Demetrio puso una mano en el hombro de su esposa. "Todo saldrá bien. Tengo la conciencia tranquila respecto a este asunto. No he hecho nada malo".

"Debes entender algo, mi amor", añadió. "Si desaparezco de Ayacucho por esta amenaza, lo interpretarán como una admisión de culpa. Estaremos huyendo de Sendero por el resto de la vida, y tarde o temprano nos alcanzarán. Esta es la única solución".

Demetrio se puso en contacto con Sendero a través de un intermediario de su barrio y quedó con reunirse con ellos en Yura Yura, a las 15:00 horas del tercer día. Al salir de la casa, Victoria se puso a llorar.

"No te preocupes, mi amor, no me va a pasar nada", dijo él.

"Los niños y yo estaremos orando aquí", prometió Victoria, todavía llorando.

Demetrio encontró la dirección en Yura Yura, y fue conducido por un largo y oscuro pasillo hasta una habitación en la parte trasera del edificio. Allí lo esperaban ocho jóvenes solemnes. Le pidieron a Demetrio que explicara su versión del problema de la Comisión de Vivienda.

Se tomó su tiempo, documentando con cuidado su versión de los hechos. Presentó las actas de reuniones de la Asociación y copias de documentos judiciales. Cuando mencionó la venta de los lotes abandonados, uno de los jóvenes le preguntó: "¿Qué has hecho con el dinero?".

"La Asociación lo utilizó para comprar medidores de agua y electricidad para el barrio, y para otras mejoras. He traído los recibos conmigo para que los revisen", respondió.

Los senderistas examinaron los recibos y se miraron entre sí. Les parecía que Demetrio decía la verdad.

"Cuéntanos más de tu trabajo con la Comisión de Vivienda", demandaron.

Demetrio respondió a sus preguntas lo más detalladamente posible. Cuanto más hablaba, más se relajaba. "Tal vez voy a sobrevivir a esta reunión, después de todo," pensó para sí mismo. Miró su reloj. Eran las 9:00 de la noche.

"Compañero, estamos convencidos de que no has hecho nada malo", le dijeron finalmente sus interrogadores. "Puedes seguir trabajando, no tienes nada que temer de nosotros. Ya puedes irte".

Demetrio sintió un tremendo alivio al levantarse de la silla. Comenzó a estrechar la mano a todos los jóvenes presentes.

Un día con terroristas

"Bueno, una cosa más", dijo su interrogador. Demetrio hizo una pausa y lo miró fijamente. "No olvides, Sendero tiene mil ojos y mil oídos. Asegúrate de no cometer errores".

Cuando Demetrio cruzó la puerta de su casa, encontró a Victoria y los niños todavía de rodillas. Victoria dio gritos, tanto de sorpresa como de pura alegría, cuando vio a su marido.

Abrazó fuertemente a Demetrio. "No pensaba volver a verte nunca más. He estado toda la noche calculando cómo ganarme la vida como viuda y con dos niños pequeños".

"Te dije que no teníamos nada de qué preocuparnos", dijo Demetrio. "Después de todo, el Señor está con nosotros, ¿no?".

Le tocó a Demetrio llorar ahora, tanto de alivio como de pura alegría.

* * *

Jan Benson se convenció de que lo ocurrido en Llata aquel día fue nada menos que un milagro. Los senderistas llevaron al alcalde ante el tribunal revolucionario esa tarde y leyeron los cargos en su contra. Fueron los cargos habituales: corrupción oficial, negligencia en el cumplimiento de deberes y actuación en contra de los intereses del pueblo. Luego, como era costumbre en sus juicios, preguntaron si alguien entre la multitud tenía algo que decir.

Los vecinos de Llata sí tenían cosas que decir sobre su alcalde. Era un buen alcalde y un buen hombre, afirmaban. Quizás en otros pueblos tenían corrupción y abandono, pero no en Llata. Los senderistas escucharon los testimonios.

"¿Consideran a su alcalde como enemigo de la Revolución?", preguntaron a los vecinos. Por supuesto que no, respondieron. Él sólo quiere nuestro bienestar, al igual que ustedes.

Ante pruebas tan contundentes, Sendero no tuvo otra alternativa que declarar inocente al alcalde. Cortaron sus ataduras y lo dejaron en libertad.

En ese momento, Jan Benson supo que Dios estaba presente en Llata. No había otra explicación.

Más tarde, los Benson vieron su coche parado en el borde de la plaza. Durante el día, los senderistas lo habían utilizado para transportar a la gente del pueblo al juicio. Esta vez, cuando el auto se detuvo, un senderista en el asiento delantero le hizo un gesto a Bruce. El misionero se acercó al auto y se enfrentó a un hombre desconocido sentado entre el conductor y una chica. Para Bruce, parecía la personificación de la maldad.

"¿Quiénes son ustedes de verdad?", le preguntó el hombre.

"Ya dije a sus compañeros", respondió Bruce. "Somos misioneros y trabajamos con las iglesias locales. Realizamos la traducción de las Escrituras y capacitamos a la gente en la alfabetización. Hemos trabajado aquí por mucho tiempo".

El hombre miró fijamente a Bruce por unos segundos. "Entonces, ¿quiénes son estos belgas?", demandó. ¿Es usted belga?".

"No, no soy belga," respondió Bruce, un poco azorado por la pregunta.

El senderista reflexionó un momento. "Vamos a llevarnos su coche", dijo bruscamente.

"Bueno, no entiendo eso", dijo Bruce. "Acabo de escuchar a sus compañeros explicar las reglas de Sendero. Dicen que, si pides prestado algo, debes devolverlo. Les he prestado mi coche todo el día, ¿y ahora usted me dice que me lo van a quitar? Esto no me parece correcto".

De repente, se le ocurrió a Bruce que era una locura estar discutiendo con ese hombre. Sabía que el comandante lo mataría en un instante, sin escrúpulos, si así se le ocurriera. Pero, en cambio, la mirada malvada del hombre se transformó en una sonrisa indulgente.

Movía la cabeza como si descartara la queja de un niño tonto.

"No, no, no lo entiendes", dijo. "No vamos a tomar prestado su coche, lo estamos decomisando en nombre de la revolución. Este coche ahora pertenece al pueblo. Usted es un imperialista. Vaya, ni siquiera pertenece a este país. Así que es justo que nos llevemos su coche".

Bruce se ofendió al ser etiquetado como imperialista.

"No soy ningún imperialista", protestó. "No vivo en la ciudad. No ando con gente rica. Trabajo aquí en el campo con los pobres. De hecho, tengo muchos de los mismos objetivos que usted, de aliviar el sufrimiento y la injusticia. Simplemente lo hacemos de diferentes maneras".

La sonrisa indulgente del hombre se desvaneció. "Sí, eres un imperialista", replicó en tono molesto. "El mero hecho de que tengas suficiente dinero para venir a trabajar a un país extranjero significa que eres imperialista."

El hombre miró a Bruce con mirada dura. "Nos llevaremos su auto. Ya es suficiente que te dejemos aquí con vida".

Bruce no dijo nada, pero para sí mismo pensó: "Me parece un buen trato. Lo acepto".

El hombre señaló las cajas llenas con las pertenencias de los Benson. "¿Qué es todo esto?", preguntó.

"Pues, sólo algunos cachivaches que nos llevábamos a casa".

"Vamos a revisarlos". Indicó a Bruce que le siguiera a una casa cercana donde los senderistas lo ayudaron a descargar las cajas. Encontraron el generador eléctrico y el proyector de películas.

"¿Funciona esto?", preguntó el comandante.

"Sí, pero no muy bien. No he tenido más que infinitos problemas con eso. No lo querrán llevar".

"Por supuesto que lo llevaremos", respondió. "Podemos utilizarlo para proyectar películas revolucionarias". Los terroristas llevaron el generador y el proyector a su camión.

Bruce sintió la frustración brotar dentro de él. "Bueno, si van a llevarse el proyector, deben llevar también estas películas", dijo.

"¿Quiere decir que tienen películas para acompañar esto?".

"Sí, tengo películas maravillosas, en color. Les van a gustar".

Bruce les entregó seis carretes que contenían la presentación cinematográfica completa del Evangelio de Lucas. "Asegúrense de proyectar esto", dijo con una sonrisa. "Les va a gustar".

A las 6:00 de la tarde, todo el batallón de senderistas salió de Llata en su camión y en el automóvil de los Benson. Bruce, Jan y Bryan se abrazaron. Estaban sumamente gozosos por estar vivos y juntos, a pesar de quedarse sin coche, sin dinero ni posibilidades de regresar a casa.

Los amigos cristianos de la familia se congregaron a su alrededor.

"Por favor, vengan a pasar la noche con nosotros", instó un hombre. Los Benson aceptaron la oferta agradecidos. Después de la cena, se sentaron alrededor de la mesa con sus anfitriones y hablaron de los extraordinarios acontecimientos del día. La angustia y el estrés disminuyeron gradualmente mientras oraban juntos.

Aunque eran pobres, los cristianos de Llata se ofrecieron a hacer todo a su alcance para ayudar a los Benson a llegar sanos y salvos a casa. Volver a Huánuco no era una opción, ya que los terroristas estarían deambulando por las carreteras en esa dirección. El consenso fue que la familia viaje en autobús a Lima.

Los que pudieron donaron dinero para el pasaje, pero no fue suficiente. Así que, a la mañana siguiente, sus amigos fueron a la terminal y hablaron con el agente de la compañía de autobuses. Le aseguraron que los Benson eran personas de confianza y que pagarían el saldo del pasaje al llegar a Lima. El agente accedió reservarles asientos en el próximo autobús, que salía en dos días.

Mientras tanto, Gomer Cruz, pastor itinerante que atendía las iglesias de la Alianza Cristiana y Misionera en la zona, llevó una carta a Lima, notificando a la Misión Wycliffe sobre la espantosa experiencia que los Benson habían vivido en Llata. La oficina de Lima llamó a Huánuco para contar a Kristen y Kara lo que había sucedido y asegurarles que sus padres y su hermano estaban bien. También explicó el plan de los Benson de viajar a Lima e instruyó a las niñas viajar allá para reunirse con sus padres.

Luego de una emotiva reunión familiar en la terminal de autobuses de Lima, los Benson descansaron varios días en la capital antes de regresar a su hogar en Huánuco. Unos meses después, los líderes de la misión pidieron a Bruce que asumiera tareas administrativas en la oficina central, entonces la familia se mudó a vivir a Lima.

Sería un año después y a través de una extraordinaria serie de eventos que los Benson llegarían a comprender cuán cerca de la muerte habían estado aquel día que pasaron con Sendero Luminoso en Llata.

2

Los Inca de Huamanga

Sendero Luminoso nació en Ayacucho, ciudad que se encuentra en una línea directa entre Lima, la capital del Perú, y Cuzco, la capital del antiguo Imperio inca. Sin embargo, la ruta terrestre a Ayacucho no se parece en nada a una línea directa. El camino desde Lima sigue la costa del Pacífico hacia el sur, atravesando el desierto de Ica, gira tierra adentro en Pisco y sigue una ruta serpentina cuesta arriba hasta cruzar la cordillera de los Andes. Alcanza alturas cercanas a los 4800 metros sobre el nivel del mar antes de hacer un abrupto descenso hacia la cuenca del río Apurimac. Ayacucho, ciudad de 200 mil habitantes, ocupa un amplio valle en la parte alta de la cuenca.

Los incas conocían esta zona como Huamanga o Lugar del Halcón. Después de que los españoles conquistaron Perú y convirtieron la región en un departamento colonial, su nombre oficial pasó a ser Ayacucho, que significa "rincón de los muertos".

El título refleja una tendencia a la violencia. Durante siglos, antes de la llegada de los españoles, los clanes indígenas de la zona mantenían enemistades sangrientas. En los primeros años de la Colonia, Ayacucho fue el campo de batalla para guerras entre generales españoles rivales. Incluso el departamento experimentó la revolución mucho antes de que apareciera Sendero Luminoso. En 1824, Simón Bolívar y Antonio José de Sucre ganaron la batalla de Ayacucho, victoria decisiva que puso fin a la Guerra de Independencia en América del Sur y liberó al Perú.

Sin embargo, el antiguo título incaico de la zona sobrevive, sobre todo en el nombre de la Universidad Nacional de San Cristóbal de Huamanga, la academia donde Abimael Guzmán enseñaba Filosofía antes de fundar Sendero Luminoso. La principal provincia del departamento de Ayacucho también lleva el nombre de Huamanga.

La provincia de Huamanga se extiende desde la capital hacia el oeste sobre las cumbres de los Andes, e incluye una parte del valle del río Cachi. Personas indígenas habitan, casi exclusivamente, las granjas y aldeas de adobe en estos campos. En lugar de español, idioma oficial del Perú, la gran mayoría de los campesinos en los Andes hablan quechua, idioma del antiguo Imperio incaico. Por eso sus compatriotas se refieren a los campesinos andinos, y ellos mismos se identifican, con el sobrenombre de "quechuas".

Justiniano Quicaña nació en el pueblo de Chakiqpampa, provincia de Huamanga, en 1904. Era descendiente directo de un general incaico, quien se estableció en Huamanga en el siglo XVI al huir de la ocupación española en Cuzco. Justiniano conocía bien la historia de su clan y le gustaba contarla a sus nietos.

"Los Quicaña somos hijos de Huamán Inca Quicaña, descendiente del primer emperador de los incas, Manco Capaq. Los españoles habrían matado a Huamán Inca Quicaña, tal como mataron al último emperador de los incas, Atahualpa, si hubieran podido atraparlo. Pero Quicaña se burló de los españoles y escapó a Copacabana, pueblo paradisiaco en el lago Titicaca. Antes de que los europeos descubrieron Copacabana, Huamán Inca Quicaña ya había trasladado a su gente aquí, a Huamanga".

Tres de los nietos de Justiniano —Rómulo, Josué y Rubén Sauñe— escuchaban con gusto las historias de sus antepasados incas. Su madre, Zoila, hija mayor de

Justiniano y de su esposa Teófila, se había casado con Enrique, hijo mayor de Lorenzo y Guadalupe Sauñe. Los Sauñe también eran descendientes de incas, en contraste con muchos de sus vecinos en Huamanga. Estos reclamaban descendencia de los chankas, tribu rival que luchaba contra los incas en la época del Imperio. De hecho, los chankas casi conquistaron Cusco en una oportunidad. Rómulo, Josué y Rubén habían oído a Justiniano contar la historia varias veces.

> Los chankas se levantaron contra nosotros en tiempos del Inca Urcu, hijo mayor del Inca Viracocha. Sabían que Urcu era borracho y perezoso, así que, cuando despachó al ejército imperial para una campaña, los chankas atacaron la capital.
>
> Pero los chankas no tenían en cuenta al hijo menor del Inca Viracocha, Cusi Yupanqui, quien había ido a la guerra con el ejército. Una noche, Dios le contó a Cusi en sueños sobre el asedio que sufrían. Inmediatamente regresó al Cusco y atacó sorpresivamente a los chankas. Cusi mató al rey Asto Huaraca en un combate cuerpo a cuerpo, y salvó la ciudad. El agradecido pueblo cusqueño nombró a Cusi como emperador en lugar de a su inútil hermano.
>
> Cuando ascendió al trono, cambió su nombre de Cusi a Pachacútec. El Inca Pachacútec se convirtió en el más efectivo y reconocido gobernante del Imperio. Promulgó leyes sabias y dio al pueblo un gobierno eficiente. Lo mejor de todo fue que los instó a adorar al verdadero Dios, que se llama Viracocha.
>
> Los chankas sufrieron por su agresión. Pachacútec los redujo a vasallos y obligó a muchos de ellos a abandonar su hogar ancestral y a establecerse en lugares lejanos. A causa de este castigo, el chanka llegó a odiar a los incas más que nunca. Esa fue una de las razones por las que Huamán Inca Quicaña trasladó a su familia a

Huamanga cuando huyó de los españoles. Sabía que el último lugar donde lo buscarían sería entre sus enemigos, los chanka.

Hijos míos, esta es la razón por la que tenemos problemas con nuestros vecinos chanka hasta el día de hoy.

Rómulo, Josué y Rubén sabían de un problema grave que su abuelo había tenido con un vecino chanka cuando era joven, aunque Justiniano contaba esa historia rara vez. El hombre se llamaba Huaranca y vivía en Culluhuanca, pueblo sobre la ladera de la montaña de Chakiqpampa. Ladrón de ganado por vocación, Huaranca robó varios caballos a los Quicaña, quienes denunciaron el crimen ante las autoridades comunales. Las autoridades se rehusaron a tomar medidas, entonces Justiniano mismo lo hizo. Persiguió al ladrón, lo sorprendió con las manos en la masa con los animales robados.

Hubo una pelea y Justiniano mató a Huaranca. Había actuado en defensa propia, por ello, se libró de la cárcel. Sin embargo y varios años después, Justiniano llegó a lamentar su imprudente acción. "Esto sucedió mucho antes de que yo conociera a Jesús", explicó a sus nietos. "Nunca habría hecho algo tan malo como matar a otro hombre si hubiera sabido lo que enseña la Biblia".

"Hay que recordar que el nombre "Inca" significa 'padre de los pobres'", añadía a la historia. "Eso significa que nuestra familia tiene una responsabilidad especial aquí en Huamanga. Debemos dar ejemplo de justicia y bondad a nuestros vecinos, tanto chankas como incas. Dios esperaba esto de los Quicaña y Sauñe mucho antes de que fuéramos cristianos. Ahora que conocemos a Jesús, Dios espera aún más de nosotros".

* * *

Rómulo, Josué y Rubén conocían bien la historia de cómo los Quicaña y Sauñe se habían convertido al cristianismo. Fue historia reciente, tan reciente, de hecho, que los chicos mismos formaban parte de ella.

Todo comenzó en una noche lluviosa en 1957, cuando el cuñado de Justiniano, Francisco Avilés, llevó a dos desconocidos a la casa de Justiniano en Chakiqpampa. "Mira, te he traído el remedio", dijo Francisco.

Todo el clan había estado buscando un remedio para el problema que Justiniano tenía con la bebida. Asustaba a sus familiares la cantidad de chicha y de otras clases de alcohol que el hombre solía consumir. Incluso lo asustaba a él mismo. Teófila era la que más sufría por las borracheras de Justiniano. Su marido había desarrollado el hábito de golpear a su pequeña esposa cuando se encontraba bajo la influencia del alcohol.

"¿Un remedio?", preguntó Justiniano, curioso de ver lo que había encontrado Francisco esta vez para curar su alcoholismo. "¿Qué clase de remedio?".

Francisco mostró a Justiniano un Nuevo Testamento que llevaban los dos visitantes desconocidos. "Este es el remedio", sonrió.

A Francisco le parecía una gran broma. Puesto que los dos evangelistas se habían presentado en su puerta en una noche lluviosa, se vio obligado a darles alojamiento. Sin embargo, el mismo Francisco no estaba dispuesto a escuchar sus discursos religiosos. Por ello, los había llevado a Justiniano.

"Ellos no pueden molestar a Justiniano", Francisco se convenció a sí mismo. "Los evangelistas no hablan quechua y él no sabe español, entonces no será posible hablar de religión".

A pesar de la barrera del idioma, los hombres sí hablaban de religión con Justiniano y su familia. Incluso leyeron versículos de su Nuevo Testamento. Zoila de Sauñe, hija casada de Justiniano, estaba hospedándose en la casa de su padre mientras su esposo Enrique estaba de viaje de negocios. Cuando ella escuchó las palabras de Juan 3:16, "porque tanto amó Dios al mundo que dio a su hijo unigénito", de repente entendió lo que querían decir. Esa noche Zoila creyó en Jesús. Su madre Teófila y su hermano Fernando, de 16 años, también creyeron. Hasta donde se sabe, fueron las tres primeras personas en la historia de Chakiqpampa en nacer de nuevo.

Justiniano Quicaña no creyó en Jesús esa noche. Continuó bebiendo y golpeando a Teófila. También golpeaba a Zoila, ahora que era un "diablo evangélico". "El catequista nos dijo una vez que a los evangélicos les crecen cuernos y colas", dijo a su hija. "Tal vez si te golpeo lo suficiente, no te crecerá una cola".

Justiniano no fue la única persona en Chakiqpampa que sostenía estas opiniones. Cuando se corrió la voz de que Teófila, Zoila y Fernando habían profesado la fe en Cristo, los nuevos creyentes escucharon burlas de "diablos" y "ahí van los demonios" dondequiera que fueran.

"A estos hijos tuyos los mataremos como ranas", se burlaban de Zoila, señalando al pequeño Rómulo y a su hermana Alejandrina. "Mejor que mueran ahora que sean criados por un demonio".

Los problemas de Zoila empeoraron cuando Enrique regresó de viaje y se enteró de que ella había profesado la fe en Cristo. Él le dijo francamente que se había ido al diablo. "Esos evangélicos están poseídos por demonios", dijo. "Puedes verlo en sus ojos. Brillan demasiado fuerte".

"No, Enrique, no es así", protestó ella. "Tú también debes rendirte a Jesús. Entonces lo verás por ti mismo".

"¡Estás loca!", dijo. "Toma, bebe esta chicha, expulsará a los demonios de ti".

Zoila se negó. También se negó a masticar la hoja de coca que Enrique le ofreció. Tampoco consintió en bailar con él para exorcizar al demonio del Evangelio. "Está bien, entonces", dijo Enrique, "tú vivirás así si quieres, pero yo no. Me voy". Dicho esto, desapareció rumbo a Lima.

Zoila no volvería a ver a Enrique durante dos años. Pero su ausencia no le impedía levantarse todos los días a las 4:00 de la mañana y pedir a Dios que su marido se salve.

A pesar de su rechazo inicial al Evangelio, Justiniano Quicaña comenzó a dar signos de interés en la nueva fe. Quizás había entendido más del mensaje de los evangelistas esa noche lluviosa de lo que admitía. Quizás lo conmovía ver a su esposa e hijos mantenerse firmes frente a la persecución. Quizás sólo quería un remedio para su alcoholismo. Por alguna razón, o quizás por estas tres, Justiniano dijo a Teófila que él también quería encontrar a Jesús. "Pero no quiero consultar a estos evangelistas campesinos que tenemos por aquí", dijo. "Quiero escuchar la Biblia directamente de labios de un verdadero misionero".

Para ello, tomó a Fernando y caminó dos días hasta Ayacucho para encontrar a Simón Izarra, predicador quechua que su hijo había conocido. Justiniano había logrado emborracharse en exceso antes de llegar a la casa de Izarra. El predicador dirigía un pequeño culto de adoración en el momento en que Justiniano tocó la puerta.

"Por favor, vuelve mañana cuando estés sobrio", dijo Izarra a Justiniano. "Entonces, estaré encantado de atenderte".

"No, señor, tiene que ayudarme ahora mismo", insistió Justiniano. "Digamos que salgo de aquí, me atropella un camión y me muero. Entonces, ¿qué pasará? No, tiene que ser esta noche, señor".

En contra de su buen juicio, Izarra guio al ebrio Justiniano en una oración de arrepentimiento y fe. Después, el hombre se alejó de la puerta tambaleándose, apoyado en el brazo de su hijo. Sin embargo, aquella fue la última noche de ebriedad en la vida de Justiniano. Hasta el día de su muerte, nunca más probó ni una gota de chicha o de otra clase de alcohol. Tampoco volvió a golpear a su esposa. Justiniano Quicaña había encontrado el remedio.

Los Inca de Huamanga

Cuando sus vecinos quechuas en Chakiqpampa se enteraron de que Justiniano había profesado la fe en Cristo, comenzaron a saludarlo dondequiera que iba también con burlas de "diablo". Las burlas se intensificaron cuando Justiniano fundó una iglesia presbiteriana en su casa. Hasta donde se sabía, fue la primera congregación evangélica en la historia de Chakiqpampa. Sin embargo, Justiniano no se contentaba con predicar el Evangelio solamente en Chakiqpampa. Con Teófila, recorría las comunidades cercanas —Culluhuanca, Andabamba, Ccahuiñayocc, Paccha y otras— para hablar de Jesús a sus vecinos quechuas. Los Quicaña incluso viajaban a Huancavelica, Huanta, Huamanguilla y otros lugares fuera de Huamanga para hablar allá de Jesús a los quechuas.

Sus vecinos consideraban que los Quicaña iban demasiado lejos, literalmente, con su nueva fe. Una noche al regresar de Huancavelica, Justiniano y Teófila se enfrentaron a una banda de hombres ebrios que intentaban incendiar su casa. Se produjo una pelea. Terminó cuando la pequeña Teófila golpeó con una rama la cabeza de uno de los asaltantes, provocándole una herida. Otro de los hombres, en su prisa por escaparse, cayó en un barranco y se rompió una pierna.

Al día siguiente, la Policía del distrito citó a Teófila a su cuartel general en Vinchos para interrogarla. Querían saber por qué había organizado ese ataque no provocado contra sus vecinos. Ella respondió que estaban mal informados, que había actuado en defensa propia porque sus vecinos intentaban incendiar su casa. ¿Por qué querrían hacer eso?, preguntó el policía. Porque los Quicaña se habían hecho evangélicos, respondió Teófila.

La Policía supo de inmediato que ella decía la verdad, porque nadie en el campo de Huamanga diría ser evangélico, a menos que fuera verdad. Entonces retiraron los cargos de agresión contra Teófila.

Cuando Enrique Sauñe finalmente regresó de Lima, se enteró de que la mayor parte de su familia, incluso sus propios padres, se habían convertido en evangélicos. Lorenzo Sauñe también se había sumado a Justiniano Quicaña para predicar la Biblia. Aun así, Enrique no tendría nada que ver con Jesús, nunca jamás.

Pero su testarudez no impidió a Zoila levantarse todos los días a las 4:00 de la mañana y pedir a Dios que su marido se salve.

Un día Justiniano se acercó a su yerno y le puso en las manos un fajo de billetes. "Enrique, quiero que inviertas este dinero en ganado", dijo. "Ya vienes deambulando demasiado tiempo intentando hacerte rico. Utiliza este capital para ganarte la vida dignamente para tu familia."

Enrique aceptó el dinero de Justiniano y salió a comprar ganado. Encontró dos novillos a la venta, a buen precio, y los compró en seguida. Una semana después, dos policías llegaron a Chakiqpampa. Habían detenido al hombre a quien Enrique había comprado los novillos. Arrestaron a Enrique por recibir ganado robado. Como el legítimo dueño de los novillos vivía en Huancavelica, la Policía encarceló a Enrique allí, lejos de casa.

Mientras esperaba el juicio en la cárcel de Huancavelica, Enrique oró a Jesús por primera vez en su vida. "Señor Jesús, ahora sé que existes y que te he hecho un gran mal. Perdóname, Señor, y ayúdame a salir de esta prisión".

Una noche en sueños, Jesús le respondió. Enrique se vio tirado en una casa oscura y sin ventanas. Levantó la vista y vio a dos jóvenes con túnicas brillantes quitando tejas del techo. Por el hueco dejaron caer cuerdas blancas hacia Enrique. "Átalas alrededor de tu cintura", le indicaron. Lo hizo y lo sacaron a la brillante luz de la libertad. Enrique se volvió para abrazar a sus libertadores, pero ya no estaban. Despertó del sueño con el rostro bañado en lágrimas.

Enrique descubrió un Nuevo Testamento que alguien había colocado entre las pocas pertenencias que él había llevado de Chakiqpampa. Comenzó a escudriñar sus páginas. A los pocos días, estaba predicando el Nuevo Testamento a los reclusos en el patio de la prisión.

"Escuchen, diablos", decía con un guiño a los pocos creyentes evangélicos allí, "ahora yo me he convertido también en diablo".

Un sargento observó a Enrique leyendo la Biblia y explicando el Evangelio a otros internos. Se acercó y le preguntó. "¿Usted es hermano, Sauñe?".

"Si, sargento".

"Yo también soy hermano. Aquí le regalo este Nuevo Testamento", dijo, poniendo en sus manos un segundo volumen. "A ver si puede evangelizar a todos estos ladrones, para que ya no roben".

Unos días después, el sargento llevó a Enrique al juzgado de Huancavelica donde fue absuelto de los cargos en su contra. Salió de la cárcel en libertad ese mismo día.

Enrique sabía que Dios lo había enviado a prisión por una razón. "Aquí, en Chakiqpampa, vivía demasiado desenfrenado para que el Señor me arrojara su lazo", dijo. "Me tuvo que llevar a ese corral de Huancavelica para atraparme".

Enrique no fue hombre fácil de acorralar. Unas semanas después de regresar a casa, dijo a Zoila que Dios lo había llamado a ser evangelista itinerante. De pronto salió a un viaje de negocios, ahora para atender los asuntos del Señor. Zoila se quedó en casa en Chakiqpampa, cuidando su granja y criando a sus pequeños hijos. En enero de 1962, durante uno de los frecuentes viajes de Enrique, dio a luz a otro hijo, Josué.

Enrique se dio cuenta de que no era bueno dejar a su familia e irse solo a predicar. También decidió que había llegado el momento de recibir una formación adecuada en la Palabra de Dios. Entonces trasladó a Zoila y a los niños a Ayacucho, y se matriculó en un instituto bíblico.

Después de un tiempo de estudios en la ciudad, decidió predicar el evangelio a los quechuas que migraban a la cuenca baja del río Apurímac. Allí los colonos talaban los bosques tropicales para plantar naranjales, platanales y la hoja de coca. Enrique trasladó a su familia a una choza de pasto en la selva. No vivieron allí mucho tiempo. Zoila y los niños sufrían por el calor tórrido y los enjambres de insectos. Además, Enrique no encontraba un trabajo adecuado para mantener a la familia. Entonces los Sauñe regresaron a Ayacucho.

La mudanza a la ciudad marcó un importante cambio en la vida del pequeño Rómulo Sauñe. En lugar de pastorear ovejas y cabras todo el día, iba a la escuela. No era que la escuela fuera para él más agradable que pastorear ovejas, especialmente porque el niño no hablaba español. Además, Rómulo se vio perjudicado en la escuela por un problema crónico del oído, que sufría desde que un caballo en Chakiqpampa le había pateado en la cabeza. Sus primeros maestros lo desestimaban como otro quechuista "estúpido", sin aptitudes para las letras.

Rómulo Sauñe sí tenía aptitudes para las letras. Aptitud excepcional, no sólo para las letras, sino para la lingüística. De hecho, Rómulo Sauñe cuando adulto llegaría a convertirse en lingüista profesional después de estudiar comunicación y teología en los Estados Unidos. Esto sucedería después de que Rómulo, a los 15 años, orara con Simón Izarra para recibir a Jesucristo como salvador, tal como lo habían hecho sus padres y abuelos. Un día, al igual que sus padres y abuelos, Rómulo predicaría la Biblia a sus vecinos quechuas en el campo de Huamanga. De hecho, un día Rómulo traduciría la Biblia al quechua para sus vecinos campesinos en Huamanga.

* * *

La mudanza a Ayacucho significó que Josué Sauñe también fuera a la escuela. Al igual que su hermano mayor, Josué aprendió a hablar español y a leer y escribir. Pero Josué no perdió el contacto con sus raíces campesinas. Las historias que le contaba Justiniano Quicaña ardían en su corazón y su mente. Josué creía que su herencia incaica le asignaba el deber de ayudar a su pueblo, se esforzaba por dar ejemplo a sus vecinos quechuas de bondad y justicia, tal como Dios esperaba.

Josué comenzó a luchar por la justicia quechua aun estando en la escuela. Una vez, se enteró de que algunos niños de la ciudad robaban dinero a una pobre mujer quechua que vendía dulces en la acera frente a la escuela. Josué rastreó a los ladrones, recuperó el dinero y se lo devolvió a su legítima dueña.

Para ayudar en estas actividades, Josué reclutó a su hermano menor Rubén, y a su mejor amigo, Carlos Trisollini. Carlos era italiano en parte, como indicaba el apellido de su padre, pero su madre era quechua de sangre pura. Su linaje inculcó en Carlos las mismas lealtades al pueblo quechua que sentían los hermanos Sauñe. Los tres chicos incluso hicieron un pacto de sangre: si alguno de ellos fuera herido o asesinado, los otros dos se vengarían.

A medida que crecía, Josué escuchaba otras voces hablar de justicia para su pueblo. Células de Sendero Luminoso aparecieron en Ayacucho, primero en la Universidad Nacional de San Cristóbal de Huamanga y luego en barrios humildes de clase trabajadora, como aquel donde vivían los Sauñe. "Ven, ayúdanos a trabajar por la justicia", le pidieron a Josué. "Tenemos los mismos objetivos que tú: quitar la riqueza a los ricos corruptos y redistribuirla entre la clase trabajadora".

La propaganda de Sendero Luminoso no atrajo en lo más mínimo a Josué. No necesitaba ese tipo de ideología para justificar su deseo de quitar a los ricos para dar a los pobres. En la década de 1970, los narcotraficantes habían comenzado a operar en Perú. Para entonces, miles de quechuas habían migrado a la cuenca baja de Apurímac para cultivar la hoja de coca y venderla a los narcotraficantes. Estos procesaban la hoja de coca en pasta de cocaína, que vendían, con enormes ganancias, a los cárteles colombianos de droga.

Los cárteles refinaban la pasta de cocaína en polvo para venderla, con ganancias aún mayores, a consumidores de Estados Unidos y Europa. Los agricultores quechuas que trabajaban duramente cultivando la hoja de coca en las tórridas selvas no veían estas enormes ganancias, y esto enfurecía a Josué.

Se enojó aún más cuando los traficantes comenzaron a vender pasta de cocaína — conocida localmente como *pichicata*— a los jóvenes de Ayacucho. Luego les enseñaban a fumarla en cigarrillos liados a mano. Muchos jóvenes, incluso jóvenes quechuas, se habían vuelto adictos a la cocaína. Josué decidió corregir este error, robando la mal habida riqueza de los narcotraficantes para redistribuirla entre los pobres de su pueblo. No le parecía nada incorrecto. De hecho, estaría haciendo la obra de Dios, tal como le había enseñado su abuelo.

Josué tenía 17 años cuando organizó su primera incursión. Él y su pandilla sorprendieron a una banda de traficantes en una pequeña fábrica de pichicata en la cuenca baja del Apurímac. Después de atar a los traficantes a punta de pistola, los muchachos arrojaron su reserva de pasta de cocaína al río y robaron una mochila llena de dinero en efectivo. La mochila contenía 50 000 dólares estadounidenses, que Josué regaló a las pobres viudas quechuas y los ancianos sin techo.

Cuando estaba por cumplir los 18 años, Josué organizó una segunda redada. Esta requirió que su pandilla pasara una semana en la selva, observando los movimientos de una banda de narcotraficantes que operaba una fábrica grande de pichicata. Cuando comprobaron que todo estaba listo, sorprendieron a los traficantes, los ataron a punta de pistola y arrojaron su producción de pasta de cocaína al río. Robaron tres mochilas llenas de dinero en efectivo. Josué sospechaba que las mochilas contenían mucho más de 50 000 dólares estadounidenses. Lamentablemente, nunca tuvo la oportunidad de contar el dinero.

Al día siguiente del asalto, los muchachos llegaron a las orillas del Apurímac. Había pasado una semana de noches sin dormir y un día entero cargando pesados sacos de dinero, entonces se detuvieron para descansar. Josué se quitó las botas y descubrió por qué hacían un sonido blando con cada paso. Era por estar llenas de sangre que manaba de las ampollas abiertas en sus pies. Estaba examinando las ampollas cuando las balas comenzaron a estrellarse a su alrededor.

Sucedió que uno de los narcotraficantes se había soltado de sus ataduras y había desatado a sus compañeros. Alertaron a las fábricas de pichicata cercanas sobre la redada, y una banda bien armada persiguió a los chicos durante toda la noche. Los alcanzó cuando se detuvieron a descansar.

Josué se escondió detrás de una roca y devolvió el fuego con su pistola. Esto permitió a sus compañeros escapar al otro lado del río. Pero se le acabaron las municiones, y tuvo que rendirse. Se paró en la playa con las manos en alto. Un hombre se acercó a él, cargó dos cartuchos en la magnífica escopeta que llevaba, apuntó al pecho de Josué y apretó el gatillo, dos veces. El arma no disparó.

En el atónito silencio que siguió, Josué tuvo una visión de su padre, de su madre y de sus hermanos, llorando alrededor de su cadáver. La visión impulsó al chico a arrojarse al río e intentar escapar nadando. Los narcotraficantes lo persiguieron en una lancha, dando vueltas alrededor del chico hasta que tragó tanta agua que se estaba ahogando. Se rindió nuevamente. Esta vez, lo encadenaron a un árbol mientras discutían qué hacer con él. Josué vio a los hombres sacar sus machetes y escuchó a uno decir: "Vamos a cortarlo en pedazos y darlo de comer a los peces".

Es probable que lo habrían hecho, si no fuera por uno de los hombres que se acercó a Josué, lo miró fijamente a la cara y le preguntó: "¿Acaso no eres tú el hijo de Enrique Sauñe?".

"Sí, lo soy", respondió.

"No podemos matar a este chico", dijo el hombre a sus compañeros con un encogimiento de los hombros. "Es que conozco a su padre. Solía venir por aquí predicando el Evangelio".

Los hombres discutieron por un intervalo de tiempo más y decidieron que la mejor opción sería entregar al chico a las autoridades. Llevaron a Josué a la estación de Policía en un pueblo cercano. Lo arrestaron por intento de robo, delito que había cometido, y por tráfico de drogas, delito que nunca había cometido. El tribunal lo condenó a 15 años de prisión. En efecto, fue una sentencia mucho más ligera que la que le habrían impuesto sus captores si nunca hubieran escuchado a su padre predicar el Evangelio.

* * *

A diferencia de su hermano Rómulo, Josué nunca había orado con Simón Izarra para recibir a Cristo. A decir verdad, Josué nunca oró a Jesús, hasta un año después de llegar a la prisión de San Miguel. Sucedió una noche, después de que un intento fallido de fuga dejara a Josué en estado desesperado.

> Estaba renegando contra Dios esa noche cuando tuve una visión. Vi a una persona —pero no podía mirar a la cara, era muy, muy brillante— que entró por la puerta donde estábamos todos durmiendo. Me dijo que, si yo quería ser libre de esa prisión, tendría que seguirla. Pregunté: ¿Quién es, Señor? Me dijo: Jesús.
>
> Sacó un rollo que tenía en su brazo donde estaban escritas —en letras azules, lo recuerdo muy bien— todas las cosas que yo había hecho. Dijo: Si quieres ser perdonado de esto, entonces sígueme.

Las lágrimas me empezaron a caer. Solo podía decir: Señor, gracias, gracias. Pero él desapareció. Pensé que yo estaba mal de la cabeza. Decía: Señor Jesús, si verdaderamente existes, dame una prueba. Si mi papá viene mañana a verme, yo te voy a seguir. No voy a escapar. Estaré hasta que tú me saques de esta cárcel.

Josué pensaba que la apuesta que había hecho era bien segura. Hacía mucho tiempo que Enrique Sauñe no había visitado a su hijo. Cuando no apareció hasta el mediodía siguiente, hora en que llegó a la prisión el último autobús de Ayacucho, Josué se sintió aliviado. Después de todo, Jesús no existía, con ello se aseguraba. Sólo había soñado la noche anterior y no necesitaba cumplir la tonta promesa que le había hecho a Dios. En la tarde, el chico se sentía muy alegre, cuando el guardia lo llamó.

"Sauñe, tienes visita".

Josué temblaba de susto cuando llegó a la puerta y vio a su padre parado allí. Enrique miró a su hijo de pies a cabeza antes de hablar. "¿Todo está bien, hijo?".

"Sí, papá, todo bien", dijo en voz débil.

"Sabes, Josué", dijo, "en este tiempo hemos estado muy ocupados y no hemos podido venir a verte. Bueno, discúlpanos por eso.

"Pues tu mamá tuvo un sueño anoche y vio que algo sucedía contigo. Ella lloró y me rogó que venga a verte. Ya era tarde cuando salí y no había carros.

"Pero, cuando estaba regresando a casa, alguien vino con una camioneta. Me preguntó si estaba yendo a San Miguel y me dijo: 'Sube'.

"Me trajo hasta aquí. Cuando bajé de la camioneta, quise decirle gracias, pero ya no estaba".

Josué miró a su padre en silencio, pero en su interior decía: Dios verdaderamente existe y se acordó de mí. Dijo a Jesús, esta vez de todo corazón y buena voluntad: "Señor, te voy a seguir, como mis hermanos te siguen, como mis abuelos y mis padres te siguen. No voy a volver atrás".

Josué cumplió su promesa. Jesús también. Un año después, Josué salió de la prisión de San Miguel, absuelto de todos los cargos en su contra. A la primera oportunidad, fue a ver a su abuelo, Justiniano Quicaña.

Encontró al anciano sentado sobre una roca grande en las laderas de Chakiqpampa, su ganado apacentaba a su alrededor. Justiniano lloró al ver a su nieto. Fue la única vez que Josué recordara ver llorar a su abuelo. Justiniano lo abrazó y se sentaron juntos en la roca.

"Josué, estás sufriendo mucho", dijo el anciano. "Porque para eso has nacido. Tu destino es liderar a nuestro pueblo".

Este comentario sorprendió a Josué. "No entiendo, abuelo", dijo.

"Yo te puse por nombre 'Josué', ¿sabes?", dijo Justiniano. "Significa 'Dios con nosotros'. Es que ayudé a tu mamá a dar luz. Te vi salir, tus manos primero. Agarraste algo y te jalaste tú mismo para afuera. Dije: 'He aquí el hombre que liderará a los quechuas.' Te puse por nombre al que lideró a los israelitas".

Justiniano dio un suspiro. "Pero tu culpa ha sido actuar de forma equivocada, Josué. De ahora en adelante, debes guiar a nuestro pueblo con la Palabra de Dios. Si haces eso, verás que Dios realmente está contigo".

Esa tarde que pasaron juntos en las faldas de Chakiqpampa sería la última. Poco después, Josué partió a los Estados Unidos para asistir a un instituto bíblica. Eso fue por consejo de su hermano mayor, Rómulo, quien recientemente había regresado después de completar sus estudios en California. Pero Josué no cabía bien en el instituto. Inmediatamente después de terminar el curso de tres años, se matriculó en un curso de dos años para estudiar arte en Arizona. Allí se convirtió en un exitoso artista profesional. Se casó y no regresó al Perú por varios años. Para entonces, Justiniano Quicaña había dejado esta vida.

Sin embargo, las palabras que su abuelo le dirigió esa tarde en las faldas de Chakiqpampa siempre arderían en el corazón de Josué Sauñe.

3

Los inicios de Paz y Esperanza

Por extraño que parezca, la Comisión Paz y Esperanza surgió por el asesinato de seis hombres cristianos de la Iglesia Presbiteriana en Callqui a manos de miembros de la Infantería de la Marina de Perú, en 1984.

Callqui, pueblo ubicado a un kilómetro y medio de la capital provincial de Huanta, se encuentra a una hora en auto al norte de Ayacucho. Células de Sendero Luminoso infiltraron la zona de Huanta a fines de 1970. Compuestas casi exclusivamente por estudiantes de la Universidad Nacional de San Cristóbal de Huamanga, las bandas senderistas buscaron reclutar campesinos para la revolución. Inicialmente tuvieron cierto éxito, en gran parte debido al descontento con la dictadura militar que gobernaba el Perú en esos años. Como ocurre con la mayoría de las dictaduras militares, el gobierno no toleraba a los disidentes.

En un trágico incidente, estudiantes de secundaria de Huanta organizaron una marcha pública de protesta por un aumento en las matrículas escolares. Los policías dispararon contra la multitud y mataron a 21 de los manifestantes. En cada aniversario de la protesta, los residentes locales conmemoraron a los jóvenes mártires con una marcha pública. La tensión entre Huanta y el gobierno militar se intensificó. Cuando aparecieron jóvenes senderistas que hablaban de un levantamiento popular que derrocaría a los dictadores, erradicaría la pobreza y marcaría el comienzo de la igualdad social, algunos de los residentes locales se sumaron como partidarios.

El descontento entre los residentes locales se intensificó aún más a principios de 1983, cuando el nuevo gobierno civil desplegó infantes de la Marina en la zona de Huanta para luchar contra Sendero Luminoso. Los integrantes de la Infantería de Marina, la mayoría de ellos jóvenes urbanos de clase media, tenían poca comprensión o respeto por los quechuas de las comunidades campesinas que rodeaban Huanta. Debido a que los senderistas ya habían reclutado a algunos campesinos para su causa, los marines tendían a sospechar de todos los quechuas como si fueran partidarios de Sendero Luminoso. Para impedir que apoyaran la revolución, las unidades militares incendiaron las casas y sembradíos de los campesinos y confiscaron su ganado. Hubo casos de algunos oficiales corruptos que sacrificaban los animales para complementar su alimentación o los vendían para incrementar su sueldo.

La dura represión militar ayudó a Sendero a reclutar aún más campesinos para su causa. De hecho, algunos se alistaron como partidarios de Sendero Luminoso para protegerse de los abusos de miembros de la Marina. Ya no tenían ilusiones sobre erradicar la pobreza o lograr la igualdad social; sólo querían sobrevivir.

Si Sendero Luminoso hubiera explotado mejor este creciente descontento, posiblemente habría superado a los Infantes de Marina. Sin embargo, los terroristas tendían a alejar a los partidarios de su causa tan rápido como los reclutaban. El problema era que los senderistas, muchos de ellos jóvenes urbanos de clase media, tenían poca comprensión o respeto por los quechuas de la zona de Huanta.

El primer error de los senderistas surgió por su falta de comprensión histórica. En las comunidades "liberadas" bajo el control de Sendero, los revolucionarios insistieron en reorganizar las tierras agrícolas en colectividades comunistas. Esto fue poco después de la amplia reforma agraria que Perú había implementado en 1969 para corregir las injusticias históricas que existían desde la conquista española en el siglo 16. Luego de derrotar el Imperio incaico, los europeos se adueñaron de grandes extensiones de tierra cultivable y obligaron a los agricultores quechuas a trabajar en ella como inquilinos bajo un régimen de servidumbre. Como ocurrió con el feudalismo medieval en Europa, los terratenientes se enriquecían enormemente mientras los campesinos se hundían en la extrema pobreza. Este sistema feudal operó por más de 400 años, hasta que la reforma agraria expropió grandes extensiones de los terratenientes y las redistribuyó a los agricultores campesinos.

Casi de la noche a la mañana, los quechuas volvieron a ser dueños de tierras que habían pertenecido a sus antepasados cuatro siglos antes. Se puede entender su indignación cuando, pocos años después de recuperar este patrimonio precioso, llegó Sendero para decirles que debían entregar sus tierras a la revolución. Obviamente, no les parecía una buena idea.

El segundo error que cometieron los senderistas surgió por su falta de comprensión social. Insistieron en que las mujeres, al igual que los hombres, trabajaran la tierra. Esto era necesario para producir el excedente de cultivos que se requería para alimentar a los mismos senderistas. La idea era perfectamente lógica para los jóvenes urbanos de clase media de Sendero, que tenían poca experiencia con la agricultura, pero a los quechuas les parecía repugnante.

"Ni siquiera los terratenientes obligaban a nuestras mujeres a trabajar en los sembradíos", protestaron los campesinos.

Las quejas de los jefes comunitarios servían de poco para cambiar la política de Sendero. De hecho, los senderistas se pusieron más y más molestos con la actitud de los jefes de las comunidades quechuas de la zona de Huanta. Entonces, decidieron reemplazarlos con personas de su propia elección. En 1982, el autoproclamado Presidente Gonzalo de Sendero Luminoso ordenó la abolición de los tradicionales gobiernos comunitarios en las zonas bajo el control de Sendero. A partir de ese momento, los "comités populares" designados por los comandantes terroristas gobernarían las aldeas quechuas. Este fue otro trágico error.

La falta de comprensión política de los senderistas provocó ese error. El tradicional sistema de gobierno comunitario quechua databa de la época del mismo Imperio incaico. Era un elemento básico de su cultura. Los quechuas hablaban de "los padres del pueblo", considerando a sus jefes como verdaderos patriarcas. Ni el conquistador español, ni el terrateniente blanco jamás se atrevieron a sustituir a los padres del pueblo por líderes de su propia elección.

Cuando los quechuas se enteraron de esta decisión, quedaron horrorizados. Los senderistas escucharon las protestas campesinas contra la decisión, pero estas sirvieron de poco para disuadirlos. Tenían órdenes de su gran líder, el presidente Gonzalo. Además, el decreto formaba parte del "Segundo Gran Plan de Despliegue en la Guerra de Todas las Guerras", por lo tanto, no podía rescindirse.

Los padres del pueblo que se negaron a abandonar sus puestos —y había muchos en las comunidades quechuas en la zona de Huanta— enfrentaron la muerte a manos de Sendero. Algunos murieron en emboscadas en caminos desiertos o en campos aislados. Otros fueron secuestrados y sometidos a la "reeducación". Si no capitulaban ante el nuevo orden, eran asesinados. A veces, bandas de Sendero Luminoso invadían comunidades desobedientes y organizaban juicios populares en la plaza del pueblo. Los terroristas a menudo condenaban a los padres del pueblo como "enemigos de la revolución", y los degollaban o estrangulaban ante la mirada horrorizada de sus vecinos. La intención de tales ejecuciones públicas no fue sólo eliminar a los líderes, sino también intimidar a las comunidades quechuas para que se sometieran a Sendero. Invariablemente las atrocidades produjeron el efecto contrario.

Dados los graves errores de Sendero, los infantes de marina pudieron haberlos aprovechado para ganar la guerra contra el terrorismo. Una vez que los senderistas comenzaron a matar a los padres del pueblo, los quechuas habrían ayudado con gusto a la Infantería de Marina a liberar el país de ellos. Pero desafortunadamente los infantes de marina cometieron sus propios errores. El primero fue suponer que los campesinos quechuas de la zona de Huanta colaboraban con los senderistas por voluntad propia, y no porque sufrían crueles represalias si no lo hacían. No importaba la causa, si los infantes de marina sospechaban que una comunidad campesina colaboraba con Sendero, procedían a incendiar sus casas y sembradíos, y encarcelaban a los quechuas. Allí, los interrogadores los torturaban para extraer información. Después, los ejecutaban extrajudicialmente y se deshacían de sus cadáveres para encubrir sus actos. Oficialmente, estos muertos figuraban como "desaparecidos". Con el transcurrir del tiempo, algunos infantes de marina ya no se molestaban en arrestar e interrogar a colaboradores de Sendero antes de desaparecerlos; simplemente los ejecutaban en el acto.

De esta manera murieron los seis hombres cristianos de Callqui. Era un miércoles por la noche cuando miembros de la Iglesia Presbiteriana se reunieron, como de costumbre, para orar. Alguien informó a la base local de la Infantería de Marina de la reunión, que era técnicamente ilegal, debido a un toque de queda que prohibía las reuniones públicas.

Cuando llegaron los marines a la iglesia, registraron el edificio en busca de pruebas que vincularan a sus miembros con Sendero Luminoso. Encontraron dos rifles de madera guardados en un armario. Los miembros de la iglesia explicaron que estas "armas" en realidad eran juguetes como sabía todo el mundo, que servían de símbolos patrióticos, porque sus niños los portaban en los desfiles cívicos para mostrar su lealtad al Perú.

Los infantes de marina no aceptaron tal explicación, e insistieron en que los rifles de madera se utilizaban para entrenar a terroristas. Esto significaba que la Iglesia Presbiteriana era una base de terrorismo. Entonces, los marines les ordenaron a los seis hombres que asistieron a la reunión de oración salir de la iglesia. Una vez afuera, les ordenaron tumbarse en el suelo. Ellos obedecieron.

Uno de los infantes de marina se quedó haciendo guardia en la puerta. "Sigan cantando", ordenó a los fieles que quedaron adentro. Las aterrorizadas mujeres y los niños también obedecieron su orden. De repente, el fuego de ametralladora interrumpió los himnos. Un momento después, una granada explotó contra la pared principal de la iglesia. Luego, todo quedó en silencio. Los marines se habían ido. El pequeño grupo de adoradores salió al patio y encontró los ensangrentados cuerpos de los seis hombres muertos. Los infantes de marina habían cometido otro trágico error.

* * *

Ya sean cometidas por Sendero o por los infantes de marina, las atrocidades provocaban un pavoroso terror en Huanta, Huamanga y otras provincias rurales del departamento de Ayacucho a principios de los 1980. En esta fase de la guerra, parecía que Sendero Luminoso y sus adversarios militares estaban menos interesados en matarse entre sí que en matar a los civiles atrapados entre sus líneas de batalla. Se reportaban casos de pueblos invadidos por desconocidos que decían ser senderistas y por quienes exigían alimento. Una vez que los campesinos atendían sus órdenes, los visitantes se quitaban los disfraces y se identificaban como soldados. Hacían desaparecer a los desafortunados campesinos que habían engañado, o los ejecutaban en el acto.

Algunos senderistas se enteraron de esta nefasta táctica y la adoptaron enseguida. Se hacían pasar por militares y pedían a los campesinos información sobre incursiones terroristas. Si los quechuas les daban la información, los terroristas los ejecutaban en el acto por ser "enemigos de la revolución". No es de extrañar que los campesinos quechuas empezaran a desconfiar de cualquier desconocido.

La desconfianza no fue el único producto del terror. La falta de respeto por los muertos fue otro. Sendero fue el culpable de introducir esta particular barbarie. Los senderistas comenzaron a arrojar los cadáveres de sus víctimas en lugares públicos como parques o carreteras, junto con carteles que identificaban a los fallecidos como "enemigos de la revolución". Informantes observaban quién recogía el cuerpo para su entierro. Sendero consideraba a esas personas, que fueron familiares o amigos del fallecido o simplemente ciudadanos decentes, como enemigos de la revolución también. Tal designación los marcó para el asesinato.

Los militares y la Policía eventualmente adoptaron la misma táctica. Los cadáveres de personas desaparecidas comenzaron a aparecer en los parques, carreteras y otros lugares públicos. Los carteles adjuntos advertían a los transeúntes: "Este es terrorista". Así fuera un familiar, amigo o simplemente ciudadano decente, nadie se atrevía a tocar el cadáver.

Como resultado, las zonas rurales de Huanta, Huamanga y otras provincias alrededor de Ayacucho quedaron sembradas de cadáveres insepultos, víctimas de Sendero Luminoso y de militares corruptos. Los ayacuchanos temían hacer viajes por caminos rurales donde se observaban aves carroñeras sobre restos humanos dejados al aire libre. Algunos observadores, como Ismael García, fueron testigos de la peor barbarie.

Los inicios de Paz y Esperanza

Ismael, suegro de Demetrio Sauñe, se levantó una mañana, salió por la puerta de su casa y vio a sus perros royendo dos cráneos humanos.

Ismael vivía al borde de un profundo barranco cerca de Ocros, pueblo de la zona rural de Huamanga donde la Infantería de Marina mantenía una base. Decenas de personas acusadas de colaborar con Sendero fueron encarceladas en el calabozo de Ocros para la interrogación. Una noche, los soldados seleccionaron a 72 de los sospechosos y los cargaron en camiones. Los llevaron hasta el barranco, los alinearon en el borde del precipicio y mataron a todos con ametralladoras. Los cuerpos cayeron al barranco. Ya sea que los que los encontraran allí fueran familiares, amigos o simplemente ciudadanos decentes, nadie se atrevía a tocar los cadáveres, salvo las aves carroñeras y los perros de Ismael García.

Se dice que la primera víctima de cualquier guerra son los derechos humanos. Lamentablemente, ese fue el caso en Perú en los primeros años de la guerra contra Sendero Luminoso. Los peruanos, especialmente los que vivían en las zonas rurales del departamento de Ayacucho, perdieron muchos de los derechos que les pertenecían como seres humanos. El ciudadano decente perdió el derecho a la seguridad personal. El acusado perdió el derecho a un juicio justo e imparcial. Los muertos perdieron el derecho a descansar en paz.

Los derechos humanos sufrían terriblemente por la guerra contra el terrorismo. Fue por eso que Perú necesitaba desesperadamente de Paz y Esperanza.

* * *

Pedro Arana prestaba sus servicios como presidente fundador de la Comisión Paz y Esperanza y también como vicepresidente del Consejo Nacional de Evangélicos del Perú (CONEP). Arana era el único hombre cuya firma aparece en dos documentos históricos. La primera aparece en la carta constitutiva del movimiento *International Fellowship of Evangelical Students* (IFES, Confraternidad Internacional de Estudiantes Evangélicos) de América Latina, que Arana y otros cristianos universitarios del continente organizaron en 1958. Su segunda firma histórica aparece en la Constitución de la República del Perú, que Arana, como delegado a la Asamblea Nacional Constituyente, ayudó a redactar en 1979. Entre esos dos hitos de su vida, Arana obtuvo una licenciatura en ingeniería química por la Universidad de San Marcos en Lima y una licenciatura en teología por el Free College de Edimburgo, Escocia. También era pastor de varias iglesias presbiterianas y se sumergía en los asuntos públicos del Perú.

El deplorable estado de los asuntos públicos provocado por la guerra contra el terrorismo impulsó al CONEP a organizar la Comisión Paz y Esperanza en 1984. La tarea principal de la comisión era proporcionar alimentos, ropa y medicinas a los miles de refugiados que huían de la violencia en el departamento de Ayacucho. Esta tarea fue de gran urgencia.

Cuando los seis presbiterianos de Callqui murieron a manos de la Infantería de Marina, Paz y Esperanza heredó otra tarea urgente: defender los derechos humanos. Un gran peligro acompañaba esta tarea.

Vicente Saico, director de una emisora de radio cristiana en Huanta, se enteró de los asesinatos de Callqui a través de los aterrorizados miembros de la Iglesia presbiteriana que llegaron a su casa en las primeras horas de la mañana después de la matanza. Saico, un quechua hablante, fue la primera persona que los testigos del asesinato decidieron contactar. Acertada decisión.

Saico les ayudó a organizar una investigación policial del crimen, que produjo pruebas forenses que corroboraron el relato de los testigos. Luego, Saico transmitió la noticia de los asesinatos por radio y escribió una carta a los funcionarios del CONEP informándoles

Los inicios de Paz y Esperanza

del incidente. La exposición pública aseguró que los asesinos no visitaran la Iglesia presbiteriana por segunda vez para tratar de encubrir su crimen.

No obstante, los asesinos intentaron encubrir su crimen de otra manera. Jaime Ayala, el periodista que redactó el informe sobre los asesinatos de Callqui para el periódico local, identificando por su nombre a la patrulla de la Infantería de Marina y al oficial al mando, pronto desapareció sin dejar rastro.

La semana después de los asesinatos de Callqui, el presidente del CONEP, Ángel Palomino, viajó a Ayacucho con Pedro Arana y su colega de la Comisión Paz y Esperanza, Tito Paredes. Los tres hombres pensaban reunirse con Vicente Saico y una treintena de pastores locales para conocer más del caso Callqui y decidir lo que CONEP podría hacer al respecto. Cuando los tres visitantes llegaron a la ciudad, encontraron a 300 cristianos evangélicos de varias comunidades del departamento de Ayacucho, que los estaban esperando. Muchos se habían presentado en la reunión debido a las noticias de la matanza de Callqui. Muchos más habían ido para ver qué podría hacer CONEP en relación a la aguda violencia en sus propias comunidades.

Tres cosas resultaron dentro del Consejo Nacional de Evangélicos del Perú a raíz de esa reunión.

Primero, el liderazgo de CONEP reconoció que los demás cristianos de Perú no podían quedarse de brazos cruzados mientras sus compañeros quechuas sufrían saqueos, violaciones y asesinatos. De ese momento en adelante, CONEP expondría públicamente tales atrocidades, ya sea que se cometieran en nombre de Sendero Luminoso o en nombre de las fuerzas de seguridad.

Segundo, CONEP se comprometió a defender los derechos humanos como parte de la agenda de la Comisión Paz y Esperanza.

Tercero, Pedro Arana renunciaría como pastor de la Iglesia Presbiteriana de Pueblo Libre y dedicaría todo su tiempo y energía a Paz y Esperanza.

* * *

Vicente Saico enfrentaba un gran peligro debido a su papel al exponer públicamente a los asesinos responsables de la masacre en Callqui. Su hija Janeth recuerda el momento en el que él despertó a ella y a sus cinco hermanos a media noche. "Los Infantes de Marina están afuera en la calle", les dijo en voz baja. Janeth miró por la ventana y vio una fila de soldados encapuchados y con ametralladoras preparadas, alineados en la acera del frente.

"Por favor, levántense todos y vayan al cuarto de atrás para orar", instruyó Vicente a su familia. "Debemos pedir la protección de Dios".

Mientras la familia Saico oraba, los marines actuaron. Atravesaron la puerta y entraron corriendo . . . a la casa de al lado. Fue un claro caso de error de inteligencia militar. El vecino de los Saico era un hombre con discapacidad física que lo confinaba a una silla de ruedas. Los marines no encontraron absolutamente ninguna evidencia que lo vinculara con Sendero Luminoso. Su única opción era retirarse. Afortunadamente, esa noche no desapareció nadie.

A pesar de haber escapado de los infantes de marina, Vicente Saico sabía que su familia podía esperar más visitas no deseadas de soldados o senderistas. Frecuentemente los locutores de radio eran objetivos de Sendero. Los terroristas secuestraban a técnicos de radio para obligarlos a atender las comunicaciones de la revolución. Los locutores y técnicos con familias corrían mayor riesgo. Sendero a veces mantenía como rehenes a los seres queridos de ellos para garantizar que los trabajadores de radio obedezcan absolutamente sus órdenes.

Los inicios de Paz y Esperanza

Entonces, aquel diciembre, cuando terminaron las clases en la escuela, Vicente anunció a la familia que iba a pasar las vacaciones navideñas en Lima. Las vacaciones se prolongaron durante un año y medio. Los Saico, de hecho, no regresarían a casa hasta 1986, año en que el gobierno de Perú retiró la Infantería de Marina de la provincia de Huanta.

* * *

Pedro Arana también enfrentaba un gran peligro debido a su labor de desenmascarar a los asesinos de Callqui. En el primer aniversario de la matanza, él publicó una dura condena del crimen en el boletín de Paz y Esperanza. "Se profanó un humilde santuario, y afrentó a Aquel cuya gloria y majestad ninguna catedral puede contener, al derramar sangre inocente de seis creyentes", escribió.

La protesta popular en contra de los asesinatos de Callqui obligó a la Marina a iniciar una corte marcial contra el capitán Álvaro Artaza, el oficial de la Infantería de la Marina que ordenó los asesinatos. Un tribunal militar escuchó los argumentos de la defensa. Artaza alegó inicialmente que tal vez los asesinos no fueron marines, sino senderistas disfrazados con uniformes militares. Ese argumento fracasó ante la identificación positiva de los testigos y los casquillos percutidos que la Policía encontró en la escena del crimen. Los casquillos coincidían exactamente con las armas de los marines.

A continuación, la defensa argumentó que los presbiterianos de Callqui estaban vinculados, según sus sospechas, con la subversión. Artaza apoyó este argumento citando los dos rifles de madera almacenados en el armario de la iglesia. Aunque no explicó cómo esta sospecha justificaba su orden de disparar a seis hombres a sangre fría mientras yacían indefensos en el suelo, el tribunal aceptó el argumento. Los jueces aplazaron el veredicto en espera de más investigaciones.

Si el tribunal hubiera dictado un veredicto de culpabilidad contra Artaza en ese momento, una "severa reprimenda" habría sido la sentencia más dura que hubieran podido dictar. Las normas militares vigentes en aquel tiempo otorgaban a los oficiales impunidad *de facto* por delitos cometidos en el cumplimiento del deber. Tal impunidad, a su vez, conducía a atrocidades como las cometidas en Callqui y Ocros, tanto como en muchas otras comunidades rurales del departamento de Ayacucho. Los líderes del CONEP concluyeron que, si el capitán Artaza fuera absuelto de responsabilidad en los asesinatos de Callqui, los derechos humanos seguirían siendo una víctima de la guerra terrorista.

Entonces, en su calidad de asesor legal de la Iglesia presbiteriana, CONEP solicitó a los fiscales civiles presentar cargos de homicidio contra Álvaro Artaza. En su calidad de presidente de Paz y Esperanza, Pedro Arana fue designado para supervisar el proceso judicial.

Desde el principio, Pedro se topó con serios obstáculos. Pocos abogados estaban dispuestos a enfrentarse a los poderosos militares peruanos, especialmente aquellos abogados cuyos honorarios el CONEP estaba en condiciones de pagar. Entonces Arana contrató los servicios de un estudiante de Derecho de 24 años de edad, quien estaba a punto de graduarse de la universidad.

José Regalado no hubiera podido ayudar a Paz y Esperanza en sus primeros años de estudio por varias razones. Según su propio relato, José era un ateo que incursionaba en las enseñanzas de Marx y clasificaba a los cristianos en la misma clase que los extraterrestres, tipos extraños que confundían mito con realidad.

Un día, en la Facultad de Derecho, José consiguió una copia de *Jesús el Gran Radical*, artículo publicado por el movimiento peruano de la IFES. La obra cautivaba al joven estudiante por su penetrante análisis de la condición humana, especialmente la condición humana en el Perú. José comenzó a tener conversaciones con universitarios cristianos sobre la vida, la fe y el Evangelio. A medida que le presentaban las Escrituras, estas cautivaban aún más a José. Se convenció de que lo que decía la Biblia era verdad, al mismo tiempo que se desilusionó más y más de la ideología comunista.

Llegó a la sorprendente conclusión de que era él --y no los cristianos-- quien había confundido el mito con la realidad. Un día en la Facultad, José confesó que Jesús era su Señor. Aceptó el bautismo, se unió a la Iglesia Alianza Cristiana y Misionera y comenzó a participar activamente en el movimiento de la IFES.

Fue allí donde José conoció a Pedro Arana y acordó ayudarlo con el caso legal contra Álvaro Artaza. Regalado comenzó a reunir pruebas y a escribir argumentos para convencer a los tribunales civiles de que debían procesar al capitán por los asesinatos de Callqui.

Regalado no fue el único asesor legal al que consultó Arana. Tenía varios amigos abogados dentro del entorno político, gracias a su participación en la Asamblea Constituyente de 1979. Pero éstos no ofrecían a Arana más que consejos sobre el asunto, ya que el CONEP no podía pagar sus honorarios.

En realidad, las escasas finanzas de CONEP era la menor de las preocupaciones de Arana. Las poderosas figuras del ámbito político apoyaban incondicionalmente a los militares. Ese hecho se hizo evidente cuando un periodista pidió al presidente del Perú, Fernando Belaúnde Terry, comentar sobre los cargos de homicidio que CONEP pretendía presentar contra Álvaro Artaza. "Que tengan cuidado aquellos que están acusando a las Fuerzas Armadas del país", respondió.

Los peruanos habían aprendido a tomar en serio tales afirmaciones. Las amenazas veladas de los políticos poderosos a menudo se convertían en redadas nocturnas y personas desaparecidas. Por lo tanto, Emma Arana, Rosemary Palomino y Joy Paredes, las esposas de los tres principales líderes del CONEP involucrados en el caso Callqui, se reunían regularmente para orar por la seguridad de sus maridos. "Bueno, si van a tener que morir por esta causa, que así sea", era su honesta posición. "Queremos tenerlos vivos, pero que sea lo que el Señor quiera".

Al final, resultó que la Sra. Rosemary de Palomino jugó un papel clave en la respuesta a esas oraciones. En una ocasión, ella se reunió con un General de la Fuerza Aérea para organizar el transporte de alimentos, medicinas y ropa que Paz y Esperanza enviaba a los refugiados en Ayacucho. En el transcurso de la conversación, mencionó el caso Callqui y el peligro que representaba para su esposo y otros dirigentes del CONEP.

El General, quien dirigía la Inteligencia de la Fuerza Aérea, accedió a reunirse con Pedro Arana y escuchar su versión de los hechos. Después de su charla, aseguró al presidente de Paz y Esperanza que estaba haciendo lo correcto y le prometió hablar a su favor con sus colegas del Alto Mando. El General cumplió su palabra. Durante todo el proceso judicial del caso de Callqui, Arana, Palomino y Paredes nunca recibieron visitas nocturnas de las Fuerzas Armadas.

Por otro lado, Paz y Esperanza tampoco recibió una audiencia imparcial y justa en su caso contra Álvaro Artaza. Los tribunales militares retrasaron el proceso judicial durante más de un año. Después, transfirieron el caso de la jurisdicción de Ayacucho a Lima.

En junio de 1986, un tribunal militar ordenó cerrar el caso. Este paso representaba una declaración *de facto* de exoneración para Artaza y sus infantes de marina. CONEP apeló la decisión ante la Corte Suprema, presentando las pruebas que José Regalado y otros abogados habían preparado. La Corte Suprema, en una muestra de enorme indiferencia, se negó a conocer el caso, sosteniendo la decisión del tribunal militar.

La protesta popular contra el fallo judicial en el caso Callqui se tradujo en otra persona desaparecida. Tres días después de la decisión de la Corte Suprema, el mismo Álvaro Artaza desapareció. Portavoces militares afirmaron que Sendero Luminoso lo había secuestrado, e incluso dieron a conocer los nombres de los sospechosos. Pasaron varias semanas sin más noticias sobre el paradero del capitán, algo curioso teniendo en cuenta que las Fuerzas Armadas supuestamente conocían las identidades de los secuestradores.

Los oficiales militares se negaban a comentar sobre el asunto y poco a poco la protesta popular disminuyó. Evidentemente, Artaza sobrevivió su secuestro de alguna forma, aunque no apareció ninguna noticia en los medios al respecto. Tiempo después, se lo encontró trabajando como agregado militar de la Embajada del Perú en Panamá.

La guerra terrorista se había cobrado una vez más los Derechos Humanos como víctima. El caso Callqui estaba por cobrar una víctima más: Pedro Arana. El fundador de la Comisión Paz y Esperanza se decepcionó tanto por el fracaso de su organización en hacer justicia para los mártires que, en diciembre de 1986, tomó la decisión de renunciar el cargo de presidente "en aras de la armonía". Más tarde, aceptó un cargo administrativo en la mundialmente reconocida agencia *World Vision*.

No obstante, el caso Callqui no terminó en un completo fracaso. Debido a la protesta popular, grupos internacionales de derechos humanos intensificaron sus esfuerzos para monitorear los abusos cometidos en la guerra, tanto por las fuerzas de seguridad como por Sendero Luminoso. Americas Watch y Amnistía Internacional llevaron a cabo sus propias investigaciones sobre la matanza de Callqui.

Al respecto, Amnistía Internacional reportó: "La protesta en el Perú por la participación de infantes de marina en casos de desaparición y homicidios políticos creció después de que, en agosto de 1984, se informó que una patrulla de Infantes de Marina mató a tiros a seis líderes religiosos frente a la Iglesia Evangélica Presbiteriana de Callqui".

Las poderosas figuras del entorno político en Perú evidentemente aprendieron a tomar en serio la protesta popular, que permitió salvar vidas. A partir de 1984, los observadores de derechos humanos documentaron una disminución del 75 por ciento en las muertes de civiles en la guerra terrorista.

* * *

Por extraño que parezca, el caso Callqui sirvió para unir a las distintas comunidades cristianas en Perú. En septiembre de 1984, monseñor Javier Miguel Ariz, Obispo Auxiliar de la Arquidiócesis Católica de Lima, sentó un precedente histórico cuando envió una carta personal a los dirigentes del CONEP. En nombre de todos los líderes del clero católico romano, Ariz expresó su "profundo pésame por las muertes violentas de los miembros de la Iglesia Presbiteriana de Callqui". Ariz también pidió a los dirigentes del CONEP transmitir a los hermanos de la Iglesia Presbiteriana de Callqui, "el testimonio de nuestro dolor", junto con la más enérgica protesta de sus colegas contra los actos "que derraman tanta sangre y agudizan las diferencias entre hermanos". En poco tiempo, católicos romanos que hasta ese momento no tenían ninguna relación oficial con evangélicos, se encontrarían trabajando junto a CONEP y otros cristianos para restaurar la paz y la justicia en el Perú.

Cristianos de otras partes del mundo también comenzaron a trabajar por la paz y la justicia en el Perú. Vicente Saico recibió una carta de la organización suiza Solidaridad Cristiana Internacional, que expresaba su condena al ataque a la iglesia de Callqui. El presidente Fernando Belaúnde también recibió una carta de Solidaridad Cristiana Internacional que pedía una investigación seria sobre la matanza.

Presbiterianos desde Escocia hasta Canadá enviaron cartas similares a Perú, junto con donaciones a la

Los inicios de Paz y Esperanza

Comisión Paz y Esperanza para proporcionar alimentos, ropa y medicinas a los refugiados. También llegaron donaciones de agencias internacionales como Misión Suiza, Latin Link y Tearfund. Esta última organización continuaría sus donaciones durante varios años, ayudando a respaldar los esfuerzos de Paz y Esperanza en la defensa de los derechos humanos.

Otro resultado positivo del caso Callqui fue el haber brindado experiencia importante en la defensa de los derechos humanos a un joven graduado de la Facultad de Derecho. José Regalado dejó su trabajo en Paz y Esperanza cuando salió Pedro Arana. No tuvo que renunciar porque trabajaba como voluntario.

Sin embargo, José regresaría a Paz y Esperanza después de dos años, después de establecer una práctica privada que le aportaba un ingreso estable. El ingreso fue necesario para mantener a su nueva esposa, Ruth Alvarado, a quien conoció a través de la IFES. Se casaron en marzo de 1987. Un año después de su boda, CONEP invitó a José a servir como asesor jurídico de su nueva oficina de Derechos Humanos.

Esta vez, las cosas resultarían diferentes para José. Por un lado, podría cobrar honorarios profesionales por defender los derechos humanos de sus compatriotas peruanos. La otra diferencia fue aún más importante: Paz y Esperanza ganaría la mayoría de los casos.

4

Los Asháninka

A finales del siglo XIX, cuando cantidades de residentes en los Andes comenzaron a migrar a las selvas centrales del Perú, a los nativos que encontraban allí les dieron el apodo de "campas". Los antropólogos dicen que el apodo se deriva de la palabra en quechua *thampa*, que significa "andrajosos". Posiblemente los recién llegados usaban este término debido a las túnicas toscas, hechas a mano, que vestía la gente de la selva. A los nativos no les gusta ese apodo; se refieren a sí mismos en su propia lengua como "*asháninka*", que significa "el pueblo". Los antropólogos dicen que el término literalmente significa "nosotros la gente", a diferencia del "*atsiri*", que significa "todos los demás".

Durante la mayor parte de su historia, los asháninkas se han llevado bien con todos los demás pueblos. Los primeros atsiri que llegaron a la exuberante selva en las faldas bajas de los Andes eran misioneros franciscanos. A principios del siglo XVIII, establecieron misiones entre los 25.000 asháninkas que vivían a lo largo de los ríos Ene, Tambo y Ucayali. A excepción de algún ocasional aventurero, pocos forasteros entraron en las selvas durante los dos siglos siguientes, debido a los mosquitos, la malaria y la bien merecida reputación de los nativos de ser expertos guerreros. Los asháninkas vivían relativamente tranquilos en la exuberante selva, cazando, pescando y cultivando yuca, ñame, plátano y maní.

Los Asháninka

A principios del siglo XX, la demanda mundial de caucho, café y cacao se disparó, por lo que cantidades de forasteros se adentraron en la selva en busca de la fortuna. Los asháninkas perdieron cientos de miles de hectáreas de hábitat en la selva a manos de los atsiri, particularmente en las cercanías de los ríos Ucayali, Tambo y Ene. Algunos de los migrantes contrataron mano de obra asháninka para la agroindustria tropical; otros eran tan codiciosos que prácticamente redujeron a los nativos a la esclavitud. Les pagaban salarios pésimos por largas jornadas de recolectar el caucho o de cuidar plantaciones de café y de cacao. Con el tiempo, muchos asháninkas aprendieron a trabajar por cuenta propia, cultivando café y cacao para satisfacer la demanda mundial de esos productos, y arroz y frijoles para alimentar a los migrantes. Pero no buscaban fortuna como los atsiri. Sólo querían alimentar a sus familias y vivir en paz con todos los demás. Porque, a pesar de su merecida reputación como expertos guerreros, los asháninkas prefieren no pelear.

Sin embargo, algunos de los atsiri sí provocaban peleas. En 1965, un grupo conocido como Movimiento de Izquierda Revolucionaria (MIR) organizó una rebelión armada contra el gobierno nacional. Dos líderes de la Izquierda Revolucionaria, Guillermo Lobatón y Máximo Velando, organizaron un ejército terrorista en la Selva Central. Poco después del inicio de la campaña, las tropas gubernamentales capturaron a Velando y la breve rebelión terminó. Sin embargo, el levantamiento había causado problemas inmerecidos a los asháninkas, pues, aunque no provocaron esa lucha, algunos de ellos murieron en ella.

Hacia mediados del siglo XX, un segundo grupo de misioneros comenzó a llegar a la Selva Central. Estos forasteros, casi en su totalidad, eran cristianos evangélicos. En 1947, Sylvester y Matilda Dirks de la Iglesia de los Hermanos Menonitas de Canadá se establecieron en el río Tambo y comenzaron a enseñar las Escrituras a los asháninkas. En 1950, los lingüistas de la misión internacional Wycliffe llegaron al valle alto del río Ene y comenzaron a traducir las Escrituras al idioma de los asháninkas. Algunos pronto confesaron su fe en Cristo. Los nuevos creyentes comenzaron a formar iglesias y llegaron más misioneros evangélicos.

Paul Friesen, alto y delgado, con penetrantes ojos azules, parece más un vaquero del Oeste estadounidense donde creció que un profesor de la Biblia de la Selva Central de Perú, donde ha pasado más de 40 años de su vida. Friesen y su esposa Maurine llegaron por primera vez al Perú el día de San Valentín de 1960. Se establecieron cerca del pueblo de Atalaya, donde el río Tambo se une con el Ucayali. Los misioneros habían construido una pista de aterrizaje allí para avionetas.

Con el tiempo, Paul aprendió suficiente asháninka para enseñar teología y asesorar a los lingüistas que traducían las Escrituras en el idioma. Mientras tanto, escribió en español un libro sobre el Evangelio de Marcos. Maurine asesoraba a los asháninkas sobre la venta de sus frijoles y arroz a los comerciantes que frecuentaban los ríos, y les ayudaba a vender mantequilla de maní a los pilotos que hacían escala en Atalaya para repostar sus aviones. Mientras tanto, criaba a sus cinco hijos.

Los colegas misioneros de los Friesen enseñaron otras habilidades a los asháninkas. Algunos capacitaron a parteras en dar a luz bebés y en cómo administrar inyecciones. Otros asesoraron a los caciques de comunidades sobre cómo negociar el complejo sistema de justicia peruano para tramitar los títulos de propiedad de sus tierras. Otros prepararon a los nativos para convertirse en docentes. Pronto la tribu comenzó a formar sus propias escuelas bilingües para educar a sus hijos en asháninka y español.

Durante la década de 1970, los misioneros asesoraban a los asháninkas en el fortalecimiento de las escuelas e iglesias que habían formado. Los caciques negociaron con el gobierno para obtener la acreditación de las escuelas asháninkas y los salarios de los maestros bilingües. De hecho, la tribu creó su propio sistema escolar, que a su vez, empezó a modificar el estilo de vida tribal.

Hasta entonces, los asháninkas habían vivido como seminómadas. Constituían pequeños clanes familiares dispersos que vagaban por la selva, teniendo poco contacto entre ellos. Una vez que tuvieron acceso a la educación para sus hijos, estos clanes familiares se fusionaron en comunidades estables en las cercanías de sus escuelas. Las comunidades dieron origen a más iglesias, que finalmente llegaron a un total de 60 congregaciones repartidas a lo largo de los ríos.

En 1971, las iglesias de los hermanos menonitas que se habían formado bajo el ministerio de Dirks en el Tambo se unieron a las congregaciones asháninkas plantadas por los misioneros de Wycliffe en el alto Ene. Formaron la Iglesia Evangélica Asháninka, incorporando también grupos de los adventistas del séptimo día. La tribu creó su propio sistema eclesiástico. Esto fue por consejo de los misioneros, quienes enseñaron a los asháninkas a promover la confraternidad y minimizar la competencia dentro del cuerpo de Cristo.

En 1969, Paul y Maurine Friesen se mudaron de Atalaya al campus de la misión indígena suiza, cerca de Pucallpa, para enseñar en el Instituto Bíblico, donde capacitaba miembros de varias etnias de la Selva Central. A pesar de la distancia, los Friesen continuaron colaborando con los asháninkas de los ríos Ucayali, Tambo y Ene. De hecho, durante los siguientes 30 años muchos estudiantes salieron de esa zona para estudiar en la misión indígena suiza. Con el tiempo, la Iglesia Evangélica Asháninka pidió a Paul que sirviera como asesor de la organización eclesial.

Cabe señalar que la educación era un asunto de doble vía entre misioneros y nativos. Los asháninkas enseñaban a los misioneros habilidades como la caza, la pesca y el cultivo de yuca, ñame y plátano. Los nativos jugaban con los misioneros, principalmente fútbol y voleibol. Cuando Paul Friesen jugaba voleibol, deporte que practicó regularmente hasta sus 70 años, el delgado vaquero del Oeste estadounidense dominaba a los compactos asháninkas. Cuando éste habla del impacto que el evangelio cristiano ha tenido en la forma de vivir de los asháninkas, sus penetrantes ojos azules brillan apasionadamente.

"La verdadera infraestructura y el elemento unificador de la tribu es el sistema escolar bilingüe y la Iglesia evangélica", explica. "Conducen todo en su propio idioma, 100 por ciento bajo su propio liderazgo. Ellos toman todas las decisiones. Más de la mitad de la tribu está alfabetizada. Pueden leer y escribir en su propio idioma además del español. La Iglesia Evangélica Asháninka y el sistema escolar han unificado al pueblo. De ahí sacaron la fuerza para defenderse de Sendero Luminoso.

"Hubo varias razones por las cuales no siguieron a Sendero. Por un lado, los senderistas eran intrusos, extraños con quienes no querían trabajar. En segundo lugar, tener títulos de propiedad sobre sus tierras les dio a los asháninkas un sentido de identidad. No querían perderlas. No querían que nadie de afuera entrara y los controlara.

"Además", concluye Friesen, "los asháninkas se daban cuenta de que los senderistas proponían acciones que como cristianos no podían hacer. El evangelio, en un sentido general, dio al pueblo una base moral y espiritual para resistir. En un sentido específico, dio valor a los líderes para decir a los senderistas: 'No nos uniremos a ustedes porque somos cristianos'. Rehusaron cooperar con el plan de Sendero. Cuando los senderistas se dieron cuenta de que no podían ganarse al pueblo pacíficamente, comenzaron a usar la fuerza".

Los Asháninka

* * *

Rafael Santoma recibió muy malas noticias cuando regresó a su casa en Camajeni después de un viaje de tres días por el río Tambo visitando a unos hermanos cristianos. Durante la ausencia del evangelista, 60 terroristas de Sendero Luminoso habían entrado en Camajeni y exigido a sus residentes prometer su apoyo a la revolución. Tres hombres, Oscar Chimanga, Pablo Santoma, hermano de Rafael de 25 años, y Dante Martínez de la tribu vecina yanesha se negaron rotundamente a hacerlo. Los senderistas mataron a machetazos a los tres hombres mientras sus familias y vecinos miraban impotentes. Antes de irse, los terroristas amenazaron al resto de los aldeanos con un castigo similar a menos que se sometieran. "Y será mejor que tengan cuidado de no contar esto al Ejército", dijeron.

Era 1989 y Sendero Luminoso estaba en marcha. De acuerdo con el Gran Plan de Despliegue en la Guerra de Todas las Guerras emitido por el Presidente Gonzalo, las bandas de senderistas avanzaban por el Valle del Apurímac desde Ayacucho hacia la Selva Central. Su objetivo era "liberar" a las comunidades de los ríos Ene, Tambo y Ucayali, y establecer cuarteles en la selva. Las comunidades liberadas suministrarían alimentos a Sendero para alimentar a sus desplegados en los cerros, tanto como a sus tropas en la selva. Una vez que Sendero hubiera establecido una sólida presencia en la Selva Central, sus bandas armadas continuarían por el río Ucayali hasta las cabeceras del río Amazonas. Para entonces, la mitad de Perú estaría en manos de Sendero y la otra mitad a su merced. Sólo una cosa se interponía entre los senderistas y el cumplimiento del Gran Despliegue: los asháninkas.

Lo que pasó en Camajeni ocurría en decenas de comunidades a lo largo de los ríos de la Selva Central. Una semana después del asesinato de los tres hombres que se habían opuesto públicamente a Sendero, los caciques de Camajeni debatieron lo que debían hacer. Se dieron cuenta de que unirse a los "*terrucos*", el apodo que los asháninkas habían dado a los senderistas, significaría una virtual esclavitud. Los terrucos obligarían a la gente a entregar sus cultivos de frijoles, arroz, yuca y plátano a la revolución, dejando poco alimento para sus propias familias. De hecho, las familias de Camajeni ya se enfrentaban a una escasez de alimentos porque los senderistas habían sacrificado una parte de su ganado y confiscado el resto. Sabían que, si se negaban a unirse a la revolución, morirían más líderes de la comunidad. Los senderistas quemarían el pueblo hasta las cenizas e internarían a los comunitarios en campos de concentración. Ya decenas de comunidades habían corrido esta suerte a lo largo de los ríos de la Selva Central. A los asháninkas de Camajeni, no les quedó otra opción que desaparecer.

Antes de que los senderistas se dieran cuenta, las 25 familias de Camajeni empaquetaron todas las herramientas, ollas, sartenes, comida y ropa que pudieron llevar, y se escaparon por el río Tambo. Lograron llegar a Betania, pueblo cerca de Atalaya donde una base de la Marina peruana los protegería de la "liberación" de Sendero Luminoso. Betania, al igual que otras comunidades resguardadas de la Selva Central, se estaba convirtiendo en un campo de refugiados. Más de 800 asháninkas se habían instalado allí. Una vez que llegaron, los refugiados de Camajeni desempaquetaron sus pertenencias domésticas y comenzaron a preparar sembradíos en la selva para cultivar yuca, ñame y plátano. Las tierras agrícolas alrededor de la ciudad iban escaseando debido a la creciente población. Sin embargo, los refugiados de Camajeni no tenían otra opción que cultivar la escasa tierra disponible, ya que no iban a regresar a su pueblo río arriba por seis largos años.

* * *

El pueblo de Potsoteni se encontraba en las orillas del río Ene, a tres días de viaje en barco río arriba desde Atalaya. En febrero de 1989, Sendero realizó una visita a Potsoteni. A diferencia de los asháninkas de Camajeni, los de Potsoteni sabían de antemano de la llegada de los senderistas. El maestro de la escuela local y su esposa habían invitado a Sendero Luminoso al pueblo. La pareja era atsiri, forasteros que habían sido contratados por el Gobierno para enseñar a los niños de Potsoteni porque su escuela no se había integrado al sistema de educación bilingüe. Los asháninkas se enteraron de que el maestro y su esposa habían desarrollado una admiración por Sendero mientras estudiaban en la universidad. Estos les dijeron a los comunarios que lo mejor para ellos era asistir a la reunión popular y escuchar lo que los senderistas tenían que decirles.

Pedro Aurelio estaba a punto de salir de Potsoteni para estudiar la Biblia en la misión indígena suiza en Pucallpa cuando Sendero llegó a exponer al pueblo la doctrina marxista-leninista-maoísta del Presidente Gonzalo. Aurelio instintivamente supo que la teoría política que exponía ese día iba en contra de las enseñanzas de la Palabra de Dios.

"Los terrucos hicieron una reunión para hacernos comprender cómo es la política, cuál es su propósito", explicó Aurelio. "Al hablar sobre eso, también han hablado de cómo organizar a los asháninkas en toda la zona del rio Ene. Querían organizar la lucha contra los ricos, contra los militares. Destruir era su propósito.

"A nosotros, como cristianos evangélicos, no nos convenía lo que ellos querían hacer. Ya conocemos la Palabra de Dios, que dice no afanéis ni codiciéis las riquezas del mundo. Tenemos derecho de defendernos mediante esa Palabra de Dios. Entonces, no hemos podido aceptar su política. La hemos rechazado totalmente. Se fueron. Volvieron otro día y amenazaron con matarnos por no aceptar".

Pedro Aurelio estaba ausente cuando regresaron los senderistas. Días antes, había llegado una carta de Paul Friesen notificándole que una avioneta llegaría a la pista de Atalaya en pocos días para llevar a él y a su familia al Instituto Bíblico de Pucallpa para iniciar sus estudios. Los Aurelio empaquetaron las pocas pertenencias que pudieron llevar, se despidieron de sus familiares y vecinos en Potsoteni y se dirigieron río abajo hasta Atalaya. Pedro solo se enteró de lo que después sucedió en su pueblo a través de cartas que sus familiares le enviaron a Pucallpa.

Sendero apareció por segunda vez en Potsoteni dos semanas después de la primera visita. "Únanse a nosotros y les garantizamos que tendrán todo lo que puedan necesitar", declararon. La comunidad rechazó la oferta, a pesar de la insistencia del maestro de escuela y de su esposa. Ellos decían que lo mejor para los asháninkas sería unirse a la revolución, pero su insistencia ya no convencía a nadie. Finalmente, los senderistas perdieron la paciencia con los testarudos asháninkas. Apuntaron con sus armas a Oscar Andrés, pastor de la Iglesia Evangélica Asháninka en Potsoteni.

"Está bien", le dijeron, vienes con nosotros. Tenemos que reeducarte". Los senderistas sacaron al pastor Andrés del pueblo a punta de pistola.

La noche siguiente regresaron a buscar a Sandoval Eusebio, presidente del Concilio Comunitario. "Vamos a llevar al cacique a nuestra base para hablar", aseguraron a los aldeanos nerviosos. "Una vez que él comprenda el propósito de nuestra revolución, seguramente va a querer que todos ustedes se unan a nosotros".

Los senderistas no hablaron mucho ni con el presidente Eusebio ni con el pastor Andrés. Al contrario, condujeron a los dos hombres varios kilómetros río arriba y los ataron a postes de madera. Después de aplastar el cráneo de cada uno con piedras pesadas, arrojaron sus cuerpos al río. Varios días después, un asháninka de un pueblo vecino descubrió los cuerpos e informó a los hombres de Potsoteni.

Los terroristas pensaban que los asesinatos podrían producir dos resultados: uno, eliminar a líderes problemáticos, y dos, obligar a los testarudos asháninkas a someterse a la revolución. Parecía que habían logrado sus objetivos, porque, cuando el maestro de escuela anunció que los senderistas regresarían por tercera vez para liberar a Potsoteni, la gente no protestó. Incluso acordaron hacer una fiesta para celebrar la liberación. Más aún, acordaron hacer *masato* para servir en la celebración.

Ninguna importante celebración asháninka está completa sin un potente masato. Lo elaboran agregando agua a la yuca y al ñame cocidos, removiendo la mezcla y dejándola fermentar durante varios días. "Haremos un masato bueno y fuerte para los senderistas", aseguró Alejandro Aurelio, hermano de Pedro, al maestro de escuela. Su dócil actitud agradó al atsiri. Evidentemente, los testarudos asháninkas por fin se habían dado cuenta de que lo mejor para ellos era someterse a la revolución.

Éste no fue precisamente el caso. Mientras algunos de los aldeanos elaboraban el masato, Alejandro Aurelio dirigía a otros en la construcción de balsas. La balsa toma su nombre de la madera flotante que se usa en su construcción. Cortan árboles de aproximadamente 30 centímetros de diámetro en troncos de dos metros de largo y los juntan con fibras de palma. Un constructor experto puede armar una balsa en dos horas.

La balsa es el medio de transporte fluvial preferido de los asháninkas. La utilizan para flotar río abajo hasta su destino y luego la abandonan. La corriente en los ríos de la Selva Central es demasiado fuerte para utilizar una balsa como transporte río arriba. Para esos viajes, los asháninkas compran pasajes en las lanchas motorizadas que surcan los ríos de la Selva Central. Por supuesto, el transporte motorizado cuesta muchas veces más que una balsa, por lo tanto, el asháninka prefiere utilizar la

Sendero Luminoso y los Hacedores de Paz

balsa casera siempre que sea posible. También prefiere utilizar la balsa cuando se precisa el silencio y el sigilo.

En este caso particular, los asháninkas de Potsoteni utilizaron un considerable sigilo en la construcción de sus balsas. Eligieron un sitio a una hora de caminata del pueblo para cortar los troncos y unirlos con fibras de palma. Escondieron las balsas terminadas en la maleza a lo largo de la orilla del río. Durante los pocos días que esperaron el regreso de los senderistas, la gente trasladó cautelosamente herramientas, ollas, sartenes, comida y ropa desde sus chozas a la maleza de la orilla del río. Todo estaba listo cuando comenzó la celebración.

Todo el pueblo salió a recibir a Sendero aquella tarde. La hospitalidad fluía tan libremente como el masato. A solicitud de Alejandro Aurelio, los asháninkas continuamente rellenaban los vasos de sus invitados. A medida que avanzaba la fiesta, la alegría se intensificó. De hecho, a medianoche los senderistas y el maestro de la escuela estaban disfrutando tanto que no notaron que la mitad del pueblo se perdía en la noche. Diez familias, entre ellas todos los miembros de la Iglesia Evangélica Asháninka de Potsoteni, se escabulleron hasta la orilla del río donde las balsas esperaban, cargaron sus pertenencias en ella y se lanzaron a la fuerte corriente.

Su fuga les costó cara. En la oscuridad, Huber Maravi lanzó su balsa a un remolino peligroso, que succionó la balsa bajo el agua, arrojando a Huber, su esposa Edia y a sus dos hijos infantes a la fuerte corriente. Huber resurgió para ver a otro barquero llevar a Edia a un lugar seguro. Entonces, empezó a buscar con frenética energía a los dos pequeños, pero no encontró rastro alguno de ellos en la oscuridad. El río se había llevado a sus niños.

Bajo el liderazgo de Alejandro Aurelio, las balsas restantes negociaron el viaje río abajo sin más percances. Dos días después, las 10 familias de refugiados llegaron a su destino, el pueblo de Poyeni. Desempaquetaron sus enseres domésticos y desecharon las balsas. A diferencia de otros viajes, no buscaron pasaje en lancha motorizada para navegar río arriba, ya que no regresarían a sus hogares durante cinco largos años.

Cuando a la mañana siguiente, los senderistas de Potsoteni despertaron del estupor inducido por el masato, descubrieron que sólo el maestro de escuela, su esposa y unos 30 asháninkas seguían bajo su mando. Se molestaron muchísimo, pero no había nada que podían hacer. Dijeron a los aldeanos que pronto se mudarían de Potsoteni para cultivar arroz y frijoles para la revolución. Ninguno de los asháninkas que llevaron consigo eran cristianos creyentes, por lo que los senderistas no oyeron más protestas. Estos asháninkas servirían a la revolución tal como se les había ordenado. De hecho, algunos de ellos morirían por la revolución.

* * *

"En general, el pueblo asháninka ha sido pacifista", dice Paul Friesen. "Se retiran del conflicto en lugar de salir deliberadamente para participar en él. Tuvieron que defenderse, pero en realidad no buscaron venganza. Esta es una buena señal de su noble carácter. Sin embargo, tarde o temprano esto se romperá si los terroristas continúan. Entonces habrá una guerra más intensa de lo que la gente imagina".

A finales de 1989, los asháninkas que vivían en el río Pichis decidieron que ya no podían retirarse del conflicto. En la noche del 8 de diciembre, efectivos armados del Movimiento Revolucionario Túpac Amaru (MRTA) llegaron a la casa en Puerto Bermúdez de Alejandro Calderón, el gran jefe de los asháninkas. Los intrusos pidieron a Calderón que los acompañara a una reunión. Le aseguraron que su asistencia a la reunión era de importancia vital para los intereses de su pueblo. Mencionaron que también estarían presentes otros dos miembros del concilio tribal, Rodrigo Chauca y Benjamín Cavero. Con esta noticia, Calderón aceptó acompañar a la guerrilla. Nunca más se lo volvió a ver con vida.

El MRTA, aliado de Sendero Luminoso, detuvo a Calderón por varios días antes de ejecutarlo. Justificó el crimen con la acusación absurda de que Calderón había ayudado a la captura de Máximo Velando en 1965, durante el fracasado levantamiento de la Izquierda Revolucionaria. El MRTA intentó mantener en secreto el asesinato de Calderón por un tiempo, pero Benjamín Cavero logró escapar de sus secuestradores y regresar a Puerto Bermúdez, donde informó a sus compañeros asháninka del crimen. Cuando los caciques se enteraron de la muerte del gran jefe, decidieron que ya era hora de defenderse. El día de Navidad, guerreros de 56 comunidades de la región del río Pichis se reunieron en consejo en Puerto Bermúdez y declararon la guerra al MRTA y a su aliado Sendero Luminoso.

La noticia del asesinato de Calderón se difundió rápidamente por la Selva Central, al igual que la noticia del ejército asháninka que se había levantado para vengar la muerte del gran jefe. En enero, los Yanesha de la región del Gran Pajonal llegaron a Puerto Bermúdez para comprometer su solidaridad con los asháninkas en la campaña contra el MRTA y Sendero. Alcides Calderón, hijo del jefe asesinado, regresó a casa después de realizar estudios universitarios en Europa para liderar la lucha. Los consejos de guerra de las dos tribus acordaron prohibir todo ingreso a los atsiri a la región del río Pinchis y del Gran Pajonal.

Los asháninkas y los yaneshas podían hacer cumplir el edicto porque controlaban por completo estas áreas. A diferencia de las altas tierras de los ríos Ucayali, Tambo y Ene, donde las comunidades nativas vivían entre inmigrantes foráneos, ningún atsiri vivía en el Pichis o en el Gran Pajonal. Las tribus gozaban de soberanía total. Los consejos de guerra expidieron cédulas de identificación a los pocos funcionarios gubernamentales, misioneros y maestros de escuela cuyas actividades profesionales los obligaban a ingresar en tierras tribales. Todo individuo no autorizado sería arrestado y, si no podía establecer una razón creíble para estar allí, sufriría la pena máxima.

Por supuesto, los caciques anunciaron estos términos en los medios masivos. La noticia de la prohibición se difundió rápidamente por la selva y, como era de esperar, la gran mayoría de los atsiri se mantuvieron bien lejos de las tierras tribales. En caso de que algunos se atrevieran desobedecer la prohibición, los guerreros tribales cavaron fosos en los senderos y los llenaron con estacas afiladas de bambú y víboras venenosas. Cualquier atsiri que cayera en una de esas trampas no desobedecería la prohibición por segunda vez.

Los únicos forasteros que desafiaron la prohibición eran los senderistas que habían ido a hacer la guerra a los asháninkas y yaneshas. Los líderes tribales calcularon que, una vez que todos los demás hubieran abandonado el río Pichis y el Gran Pajonal, las bandas de Sendero serían más fáciles de detectar. Así fue, y en abril de 1990, el ejército asháninka descubrió un campamento grande de senderistas escondido en tierras tribales. Guerreros armados con escopetas, cerbatanas, arcos y flechas se concentraron silenciosamente para la batalla contra los terroristas. Todo estaba listo cuando empezó a caer un fuerte aguacero.

Debido al mal tiempo, los senderistas bajaron la guardia, creyendo imposible una acción militar en tales condiciones. Los asháninkas creían que tales condiciones eran tan buenas como cualquier otra para una acción militar y atacaron. Cuando terminó la masacre, todo el contingente de 160 terroristas yacía muerto en la selva. El ejército asháninka no sufrió bajas.

Durante cuatro meses, el ejército asháninka y sus aliados yaneshas recorrieron la selva en busca de más bandas clandestinas del MRTA y de Sendero Luminoso. Al ser encontrados, los terroristas morían sin piedad a manos de los guerreros nativos. Para finales de julio, unos 250 atsiri de Sendero habían muerto en el río Pichis y el Gran Pajonal. El resto había huido, dejando en paz a los asháninkas y a los yaneshas en sus tierras tribales.

En realidad, la paz era la única cosa que importaba para los asháninkas. "Si no hubieran matado a nuestro gran jefe, no habríamos hecho la guerra contra ustedes", anunciaron los caciques a Sendero en los medios masivos. Los guerreros nativos habían respondido con fuerza apropiada al asesinato de Alejandro Calderón, y no buscaban más venganza contra los terroristas. A finales de julio, suspendieron la campaña contra Sendero y la mayor parte del ejército regresó a casa.

De verdad, a pesar de su merecida fama de guerreros, el pueblo asháninka prefiere vivir en paz con los demás.

5

Negocio peligroso

En 1979, una semana después de graduarse en el Instituto Bíblico en California, Rómulo Sauñe llegó al Perú con su nueva esposa, Donna Jackson. Ella era ciudadana estadounidense, rubia y de ojos azules. A pesar de sus orígenes, Donna se sentía tan a gusto en Perú como su marido. Sus padres, misioneros de los traductores de la Biblia Wycliffe, llevaron a Donna al Perú cuando era niña. Ella creció en la base de la misión en la selva cerca de Pucallpa. Rómulo la conoció allí mientras trabajaba en la traducción de las Escrituras al quechua con Conrad Phelps y su esposa, Irma, oriunda de Cuzco.

Donna y Rómulo compartieron una pasión que desencadenó su romance y terminó uniéndolos en matrimonio. Era la pasión por traducir la Biblia a las lenguas de los pueblos andinos y enseñar a la gente a leerla. Miles de misioneros en todo el mundo compartían la misma pasión. Sacrificaban carreras lucrativas y estilos de vida cómodos para traducir la Biblia en lugares lejanos. En el caso de los Sauñe, su pasión significaría un sacrificio aún mayor. A su llegada a Ayacucho, la pareja descubrió que la misma traducción de la Biblia se había vuelto peligrosa. De hecho, amenazaría sus vidas. Varios de los compañeros de escuela de Rómulo y algunos de sus profesores estaban ahora activos en Sendero Luminoso. Sabían de su pasión por la traducción de la Biblia y no la aprobaban.

"Estos misioneros con los que trabajas son imperialistas yanquis y su Biblia no es más que propaganda imperialista", advirtieron a Rómulo. "Si continúas con este negocio de traducción, te consideraremos un traidor a la revolución".

Rómulo y Donna continuaron. Una noche, 16 terroristas armados con ametralladoras rodearon su casa, cortaron el cable eléctrico y derribaron la puerta con la intención de disparar a los Sauñe mientras dormían. Pero Rómulo y Donna no estaban en casa. Ese día habían visitado una iglesia quechua y pernoctaron en el campo por invitación de los creyentes. Sólo Rubén, el hermano adolescente de Rómulo, estaba en la casa y logró trepar al ático para evadir a los senderistas.

Rómulo decidió trasladar a Donna y a su pequeño hijo, Romi, a la relativa seguridad de Lima. El peligro les siguió hasta la capital. Una tarde, alguien llamó inesperadamente a la puerta. En su camino para responder, Rómulo experimentó un fuerte impulso interior de no abrir la puerta. Se quedó parado, escuchando los fuertes golpes. Los individuos finalmente se marcharon. A la mañana siguiente, uno de ellos regresó.

"Si hubieras abierto tu puerta anoche, estarías muerto esta mañana", dijo el senderista a Rómulo. "Dios debe haberte advertido".

El joven terrorista explicó que su tarea era infiltrarse en las iglesias evangélicas y aprender sus creencias, para así entrenar a otros terroristas jóvenes en cómo reclutar a los cristianos a Sendero Luminoso. "He memorizado muchos versículos de la Biblia para este trabajo", dijo. "Toda la noche esos mensajes han estado martilleando en mi cabeza. No puedo soportarlo más".

Se arrodilló junto a Rómulo y, con fuerte llanto, pidió perdón a Dios. "Como señal de mi arrepentimiento, les doy esto", dijo el joven, entregando a Rómulo una lista de iglesias, institutos bíblicos y seminarios teológicos en Lima. "Sendero Luminoso está planeando un bombardeo coordinado de estos lugares. Quiero que avises a las autoridades. Y, por favor, ayúdame a escapar. No puedo volver a Sendero nunca jamás".

Rómulo dejó a Donna y Romi en la sede de la misión de Wycliffe donde estarían a salvo, y sacó al joven de la ciudad en su coche. Luego llevó la lista de blancos de los bombardeos a la Jefatura de Policía. Al principio, los oficiales no creyeron su historia. Cuando supieron que era natural de Ayacucho, lo acusaron de ser senderista, y lo sometieron a un fuerte interrogatorio. Afortunadamente, un oficial superior se enteró del incidente e intervino antes de que las cosas se pusieran feas.

"Este hombre dice la verdad", dijo a sus subordinados. "Acabamos de capturar a un terrorista con detallados planes de bombardear la iglesia de la Alianza Cristiana y Misionera el próximo domingo".

Las autoridades peruanas desplegaron fuerzas de seguridad en las iglesias y seminarios bíblicos en la lista que les proporcionó Rómulo. No se produjeron bombardeos. Sin embargo, la tragedia evitada indicó que practicar el cristianismo se había vuelto un negocio peligroso en el Perú.

Ayacucho, noviembre de 1982

La educación superior en el Perú también se estaba volviendo peligrosa. Lea Yupanqui, de 20 años de edad, nieta de Justiniano y Teófila Quicaña, estudiaba biología en la Universidad Nacional de San Cristóbal de Huamanga cuando Sendero Luminoso "liberó" la institución. Con la liberación, aparecieron consignas revolucionarias en las paredes de todo el campus y nadie —ni los estudiantes, ni los profesores ni el personal administrativo— se atrevieron a quitarlas. La liberación significaba sumisión a Sendero. Si los terroristas declaraban una huelga general, todos los de la universidad —estudiantes, profesores y personal administrativo— estaban obligados a abandonar sus aulas y oficinas para acatarla. Si Sendero les ordenaba, debían salir a marchar en manifestaciones de protesta por las calles de Ayacucho. La liberación significó que nadie en el campus de la Universidad de San Cristóbal de Huamanga podía hablar o escribir ideas opuestas a Sendero Luminoso y su revolución. Aquellos que se atrevían a hacerlo, sufrieron la repentina y brutal justicia revolucionaria.

Lea fue testigo de la justicia revolucionaria en sus clases. En un incidente, senderistas encapuchados irrumpieron en la sala mientras el profesor daba clases. Anunciando que cierto estudiante había violado las leyes de Sendero Luminoso, ejecutaron al infractor frente a sus compañeros y luego desaparecieron por la puerta. Nadie se atrevió a tocar el cadáver. Los informantes tomaban nota de cualquiera que mostrara simpatía por un enemigo de la revolución y lo informaban a Sendero. La persona indicada podría convertirse en la próxima víctima de la justicia revolucionaria. Entonces, hasta que la Policía llegaba a retirar el cadáver, los compañeros y el profesor fingían desinterés en la víctima del asesinato.

Lea Yupanqui soportó tres semestres del terror de Sendero Luminoso en la Universidad Nacional de San Cristóbal de Huamanga. Como la gran mayoría de los universitarios, ella no apoyaba la agenda revolucionaria de Sendero. Simplemente quería terminar su educación y esa universidad era la única opción. Lea era la hija de Rufina Quicaña, comerciante de flores, y Rafael Yupanqui, pastor presbiteriano. No podía permitirse el lujo de ir a estudiar a otro lado. Como la mayoría de los estudiantes, profesores y personal administrativo de la universidad, Lea sufría en silencio, esperando desesperadamente graduarse antes de ser víctima del terror.

El terror se intensificó cuando los militares ocuparon Ayacucho y comenzaron a ejecutar órdenes de erradicar a Sendero Luminoso de la Universidad Nacional de San Cristóbal de Huamanga. Para hacerlo, el Ejército arrestó, generalmente en redadas clandestinas de noche, a cientos de estudiantes, profesores y personal administrativo de quienes tenían sospechas de ser senderistas. La mayoría de los arrestados, senderistas o no, nunca más fueron vistos con vida.

Una noche, mientras la familia Yupanqui dormía, soldados encapuchados derribaron la puerta de su casa. Gritando obscenidades, obligaron a los Yupanqui a tumbarse en el piso de la sala familiar mientras registraban la casa.

"¿Qué están buscando?", preguntó Rufina.

"Armas", respondieron. "¿Tienen armas?".

"No, no tenemos armas, sólo estas flores". Rufina les mostró las decenas de ramos que ella y sus hijas habían preparado para la venta en el día de Todos Santos.

Los soldados maldijeron. "¿Cuál es ella?", preguntaron a un compañero. Rufina notó una pequeña figura encapuchada que no vestía uniforme militar. No sabía si era hombre, mujer o niño. La figura señaló a Lea. "¡Es ella, es ella!", gritó. Los soldados levantaron a Lea del piso y le ataron las manos. Cubrieron su cabeza con una capucha roja y la arrastraron afuera. Rufina y Rafael se miraron fijamente por un momento antes de romper a llorar. Rufina salió corriendo de la casa para rogar a los soldados que no se llevaran a su hija, pero ya no estaban. Rufina cayó al suelo, inconsciente.

Los Yupanqui pasaron el resto de la noche orando y llorando. La mañana siguiente, Rafael y Rufina empezaron a buscar a su hija desaparecida. Comenzaron con la Policía, buscando de distrito en distrito. No, Lea Yupanqui no ha sido detenida por funcionarios de esta unidad, decían. Luego probaron en hospitales y hasta en la morgue. Allí se encontraban con otras madres y padres que lloraban desconsoladamente por sus hijos o hijas, pero no encontraron a Lea. Al final, buscaron en los barrancos de las afueras de la ciudad, aunque esperaban que su búsqueda allá también sería en vano.

Estos lugares fueron donde, tanto el Ejército como Sendero Luminoso, se deshicieron de los cadáveres de sus víctimas. Los tiraderos más utilizados fueron Puracuti e Infiernillo. Los señores Yupanqui buscaron entre los cadáveres que llenaban estos barrancos. Los perros habían mordido a algunos y otros se habían descompuesto, lo que dificultaba la identificación. Los señores Yupanqui sabían que, si fuera necesario, podrían identificar a Lea por su ropa. Para su alivio, no la encontraron en los barrancos.

La buscaron por dos semanas. Fueron a la base del Ejército. Los soldados no podían, o no querían, decirles si Lea estaba bajo su custodia. Rufina les suplicó. "Por favor, por amor a sus propias madres, si tienen a mi hija aquí, denle un vaso de agua, algo de comer. Por favor, aseguren de que tenga una manta. No dejen que se muera de frío".

Lea no corría el riesgo de morir ni de hambre ni de frío. Los sospechosos de Sendero Luminoso no vivían lo suficiente para eso. La noche que fue secuestrada, Lea estaba sentada en la parte trasera de un camión del Ejército entre una docena de prisioneros encapuchados. Los soldados les gritaban maldiciones. "¡Ustedes son terroristas, desgraciados! ¡Vamos a matarlos a todos!". Aunque Lea sólo podía ver el piso bajo sus pies, se dio cuenta de que el camión salía de Ayacucho por la carretera. Encomendó su alma a Dios, pensando que los soldados la matarían tan pronto que llegaran a las afueras de la ciudad y arrojarían su cuerpo a un barranco. Luego de una hora y poco de viaje, el camión llegó a la base militar de Pisco Tambo. Sacaron a los sospechosos y los arrojaron a todos en celdas de cemento. Allí permanecerían, atados y encapuchados, las 24 horas del día, durante su cautiverio. Aunque era medianoche, Lea no pudo dormir.

Negocio peligroso

Cada noche, los soldados seleccionaban a prisioneros de las celdas para interrogarlos. Los llevaban a una sala vacía, los desnudaban y colgaban del cielorraso por las muñecas, con los brazos detrás de la espalda. Algunos sospechosos se desmayaron por el dolor agonizante, otros se desmayaron por las brutales patadas y golpes de sus interrogadores. Otros sucumbieron a las golpizas y dieron a los interrogadores lo que querían: más nombres de sospechosos de Sendero Luminoso. A éstos, los soldados arrestarían y someterían al mismo tormento. Si los sospechosos no daban la información, los interrogadores les aplicaban descargas eléctricas en sus partes privadas o los sumergían en tanques de agua helada. Repetían la tortura hasta que se desmayaran o les dieran nombres.

Lea nunca supo la identidad del pequeño encapuchado que la acusó de senderista. Pudo haber sido un compañero de clase que se había rendido bajo la tortura y, creyendo que los interrogadores cumplirían su vana promesa de liberación a cambio de nombres, acusó a Lea. Pudo haber sido un pilluelo de la calle que conocía el nombre y la dirección de Lea y, a cambio de una pequeña recompensa o un plato de comida, llevó a los soldados a su casa. Lea no era, por supuesto, senderista. Pero eso no importaba. No fue la primera estudiante inocente en Perú detenida y torturada por las fuerzas de seguridad. Ni sería la última.

La tortura, no el hambre ni el frío, mató a muchos sospechosos de Sendero Luminoso. Una noche, los soldados devolvieron a un prisionero inconsciente, atado y encapuchado, a la celda donde estaba Lea. El hombre nunca recuperó el conocimiento. La noche siguiente, los soldados sacaron su cadáver de la celda y se deshicieron de él, probablemente arrojándolo al Infiernillo. Sus compañeros de celda le dijeron a Lea que había sido su profesor en la Universidad Nacional de San Cristóbal de Huamanga.

En el transcurso de la búsqueda a Lea, Rafael y Rufina Yupanqui se enteraron de estas torturas nocturnas. A partir de entonces, se reunían todas las noches con el resto de sus hijos en la sala familiar para orar por la seguridad de Lea. "Espíritu Santo, preserva la vida de mi hija", oraba Rufina. "Por favor, evítale un terrible dolor y asegura que le den algo de comer y una manta".

Después de dos semanas de oración y búsqueda, Rafael y Rufina decidieron que Lea estaba en las manos de Dios y que no podían hacer más. Una mañana, tres semanas después del secuestro de Lea, Rufina se despertó con un humor extrañamente alegre. "Lea vuelve a casa hoy", ella dijo a Rafael.

"Lo vi en mi sueño. Los soldados la llevaron hasta nuestra puerta, envuelta en una manta. Lea me gritó: '¡Mamá, ya estoy en casa!'. Corrí hacia el oficial de cargo y le pregunté: '¿Cómo se llama su comandante? Quiero darle las gracias'. 'No preguntes', dijo. 'Es suficiente que hayas recuperado a tu hija'".

"Creo también que ella volverá", dijo Rafael a su esposa, al escuchar el sueño. Aunque él no había soñado lo mismo, sentía que Dios afirmaba que así sería.

Más tarde, ese día, Manuel Segura, pastor y amigo, fue a consolar a la familia Yupanqui, como solía hacerlo desde la desaparición de Lea. "No te preocupes, hermano", le dijeron Rufina y Rafael. "Nuestra hija llega a casa esta noche". Todo el día, mientras trabajaba en su huerto, Rufina tarareaba melodías sagradas y sonreía para sí misma, convencida de que Lea volvería a casa.

A las 21:00 horas, los soldados sacaron a Lea de su celda. Ella temblaba mientras la conducían por el pasillo, asumiendo que se dirigía a una sesión de interrogatorio. En lugar de eso, la cargaron en la parte trasera de un camión militar. "Ahora es mi turno de morir", pensó para sí misma. Sabía que era la única que quedaba con vida de los que los soldados arrestaron junto a ella. Lea no les había dado ninguna información a sus interrogadores, por lo que se les había acabado la paciencia. Una vez más, encomendó su alma a Dios.

Más tarde, esa noche, alguien tocó la puerta principal de los Yupanqui. Rafael corrió a contestar.

"¡No vayas, no sabemos quién es!", advirtió Rufina. "Podrían ser los soldados otra vez".

"¡Es mi hija, lo sé!", dijo Rafael. Abrió la puerta y allí, en las gradas, delgada y pálida pero viva, estaba Lea.

Cuando pudo hablar, contó a sus padres su terrible experiencia; el terror, la tortura y los asesinatos. "Pero por alguna razón, los soldados me dieron un colchón para dormir y agua limpia, no el líquido salado que normalmente daban a los prisioneros. 'No sabemos por qué te tratamos tan bien', me decían. Pero seguían haciéndolo".

"Y hay algo más", añadió. "Los soldados me interrogaron muy poco, no todas las noches como a mis compañeros de celda. De lo contrario, yo no habría sobrevivido. No sé por qué me trataron así".

Rufina lo sabía. Fue porque el Espíritu Santo había respondido a sus oraciones.

* * *

Entre ellos, Sendero Luminoso y el Ejército peruano gradualmente convirtieron a Chakiqpampa en un pueblo fantasma. Como ocurría con la mayoría de las comunidades quechuas en los campos de Huamanga, los residentes huían a Ayacucho para evitar las atrocidades de Sendero Luminoso. Algunos se trasladaron a "campamentos de seguridad" que los militares habían establecido cerca de Vinchos y otros pueblos. Los pocos que se quedaban para cultivar sus chacras y pastear su ganado dormían en cuevas en las laderas de las montañas para evitar contacto con Sendero Luminoso.

Zoila Quicaña Sauñe y su marido Enrique se vieron obligados a abandonar la casa que habían mantenido en Chakiqpampa desde su mudanza a Ayacucho hacía 20 años. Una vez cuando Zoila visitó la aldea, los senderistas le informaron que les interesaba tener su casa. Como se encontraba en el borde de un pasto llano, explicaban, era un lugar ideal para su cuartel general. "Desde aquí podemos disparar a los helicópteros del Ejército cuando aterricen", le dijeron. Zoila no respondió a su oferta. Sin embargo, cuando los senderistas se habían ido, ella alquiló siete caballos de una vecina, cargó todas las gallinas, papa, grano, herramientas, ollas y platos que tenía en la casa sobre los animales, y se dirigió a Ayacucho.

Antes de partir, les rogó a sus padres que la acompañaran. "¿Para qué?", preguntaron Justiniano y Teófila. "Los senderistas no molestan a los ancianos como nosotros. Estaremos bien".

Zoila sabía que Sendero Luminoso intentaría castigar a ella y a Enrique por "desertar la revolución". Los senderistas dependían de familias campesinas como los Sauñe para obtener alimento, que exigían a punta de pistola. Justamente, algunos meses después de que Zoila abandonara la casa de Chakiqpampa, los terroristas localizaron a los Sauñe en las instalaciones de la Misión Wycliffe en Quicapata, donde la pareja estaba trabajando de mayordomos. Con intenciones de vengarse de los Sauñe, Sendero lanzó un ataque nocturno al centro, que sin embargo fracasó. Los perros guardianes lanzaron tal aullido que los terroristas huyeron asustados. Un tiempo después, Zoila y Enrique se enteraron de que la Policía había matado a la banda senderista. La pareja no sufrió más ataques.

En Chakiqpampa, Justiniano y Teófila Quicaña mantenían una relación precaria con los senderistas que iban esporádicamente a pedir comida. La pareja anciana los alimentaba con lo que tenía, en parte por miedo, en parte en cumplimiento del código andino de hospitalidad, y en parte para que Justiniano pudiera predicarles el Evangelio. El veterano evangelista repartía Nuevos Testamentos a los jóvenes senderistas, algunos de los cuales se atrevían a leer la "propaganda imperialista yanqui".

De vez en cuando, los senderistas hacían torpes intentos de fomentar buenas relaciones con los pocos residentes que quedaban en Chakiqpampa. Una vez, cuando estaba de visita otra hija de los Quicaña, Antonia, Sendero llegó con cantidad de ropa, refresco y pasteles de frutas para compartir con los campesinos. Antonia, propietaria de una pequeña tienda de productos textiles en Ayacucho, se negó a aceptar alguno de los regalos. Sabía que procedían de camiones que los senderistas secuestraron en la carretera a Lima. Para ella, la mercancía encarnaba las lágrimas de modestos comerciantes como ella. Con el robo, los pobres habían perdido capital que les había costado mucho trabajo ganar.

"Por favor, vendan los pocos animales que les quedan y vengan a vivir con nosotros a la ciudad", instó Antonia a sus viejos padres cuando estaba por regresar a Ayacucho.

"¿Para qué, pues?", respondió Teófila. "Mi vida está aquí. Además, los senderistas no molestan a los ancianos como nosotros".

Un día poco después, una unidad del Ejército llegó a la casa de los Quicaña acompañada de varios campesinos. Justiniano no estaba en casa, entonces Teófila fue a recibirlos.

"Éstos son los individuos que trajeron a los senderistas aquí", dijeron sus vecinos a los soldados, señalando a Teófila. "¡Intentaron obligarnos a unirnos a Sendero Luminoso!".

"¡Eso no es cierto!", Teófila protestó.

"¿Das comida a los terroristas?", preguntó el oficial a cargo.

"Señor, somos cristianos. Damos comida a quien nos pide". Teófila miró fijamente al grupo de quechuas y se dio cuenta de que ninguno de ellos era creyente cristiano. También notó que todos eran chankas.

"Vendrás con nosotros", dijo el oficial. Algunos de sus soldados comenzaron a acorralar los animales de los Quicaña, mientras otros registraban la casa, sacando todo lo de valor. Cuando terminaron, prendieron fuego a la estructura de adobe.

Justiniano Quicaña observó todo esto desde una lejana ladera del cerro. Cuando vio que los soldados llevaban a Teófila, comenzó a caminar hacia Ayacucho tan rápido como sus envejecidas piernas podían.

Los soldados llevaron a Teófila a su base en Chupacc con intenciones de sacarle información sobre Sendero Luminoso. Para hacerlo, le quitaron la ropa, la ataron de pies y manos, y la sumergieron en un tanque de agua helada, tres veces. Cada vez que subía del tanque, Teófila insistía en que no sabía nada sobre Sendero. Después de su tercera zambullida en el agua, ya temblando de frío y cansancio, ella se desmayó. Los soldados la dejaron tirada donde cayó, pensando que quizás moriría.

"De todos modos, a nadie le importa esa anciana", dijeron sonriendo. Los vecinos de Teófila presenciaron la tortura, pero no hicieron nada para ayudarla. Algunos de ellos también esperaban el interrogatorio y no querían despertar sospechas al mostrar simpatía por una presunta terrorista.

Cuando estaba por despertarse, Teófila vio la paloma blanca. Sabía que era una paloma, aunque en la zona rural de Huamanga no vivía ningún ave parecida. El pájaro revoloteaba sobre ella cuando Teófila abrió los ojos. La anciana sonrió. Ya no temblaba de frío ni de miedo. Teófila suspiró una oración: "Señor, no me has abandonado. Realmente estás a mi lado. Gracias, Señor".

Cuando regresó el oficial a cargo, se sorprendió al ver a Teófila vestida y sentada tranquilamente en el pasto. "Lleven a ésta a la cocina y pónganla a trabajar", ordenó. "Nos ocuparemos de ella más tarde".

Varias vecinas de Teófila ya estaban trabajando en la cocina. Se sorprendieron y dijeron que estaban alegres por verla con vida. Más tarde Teófila escuchó a una mujer decir a susurros a su compañera: "Dicen que mañana los soldados van a fusilar a la tía vieja en la plaza del pueblo". El comentario no molestó a Teófila. Su visión de la paloma blanca revoloteando sobre su cabeza le había proporcionado una sensación extraordinaria de paz.

Los soldados no llevaron a Teófila ante el pelotón de fusilamiento. Al día siguiente, apareció una empresaria de Ayacucho pulcramente vestida y demandó hablar con el oficial a cargo. "Mi nombre es Antonia Quicaña y quiero que liberen a mi madre Teófila", dijo.

Justiniano Quicaña había logrado llegar a la ciudad el día después de la detención de Teófila y contó a sus hijos lo sucedido. A pesar de sus temores de que Teófila ya estaría muerta, Antonia y su hermana menor, Rebeca, partieron inmediatamente hacia Chakiqpampa para interceder por su madre. Ninguno de los aldeanos quiso acogerlas en sus casas, por lo que las hermanas pasaron la noche en una cueva. Al día siguiente, Antonia caminó sola hasta Chupacc. En el camino se encontró con unos conocidos que llegaban del lugar.

"¡No vayas allí! A ti también te van a matar", advirtieron.

"Nunca he tenido ningún trato con Sendero Luminoso", respondió Antonia. "Mi conciencia está tranquila".

El sereno comportamiento de Antonia impresionó al oficial a cargo. Al ver que alguien sí se preocupaba por "esa vieja" y que esa alguien no iba a ninguna parte sin ella, ordenó liberar a Teófila. Antonia caminó de regreso a Chakiqpampa con su madre, conduciendo consigo una vaca, ocho ovejas y 20 cabras, todo lo que quedaba del ganado de los Quicaña. Los soldados habían sacrificado y asado el resto. Las mujeres no podían permanecer en Chakiqpampa ya que la casa estaba en cenizas. Por fin, Antonia pudo convencer a su madre de ir a vivir en la relativa seguridad de Ayacucho.

Teófila y Justiniano soportaron la vida urbana por casi cuatro meses. Llegó la temporada de siembra y ya no podían soportarla más. Sus hijos regresaron a regañadientes con la pareja de ancianos a Chakiqpampa para ayudarles a reconstruir su casa de adobe, recuperar los pocos animales que les quedaban y sembrar sus campos de papa y granos.

* * *

El 3 de septiembre de 1987 fue el día en que Rómulo Sauñe vio más lágrimas derramadas que en toda su vida.

Rómulo había ido a Ayacucho desde Chosica, la comunidad tranquila cerca de Lima donde entonces vivían con Donna y sus hijos. Los Sauñe habían establecido allí *Runa Simi*, un centro de alfabetización para pueblos andinos indígenas. "Runa simi" es el término en quechua para su idioma. Literalmente significa "la palabra del hombre". El foco de actividad en el centro Runa Simi fue la Palabra de Dios. En Chosica, los Sauñe trabajaban con los misioneros de Wycliffe Homer Emerson, Conrad e Irma Phelps y otros para traducir el Antiguo Testamento al dialecto del quechua de Ayacucho. Se precisaban 11 años para lograrlo, y en ese momento los 66 libros de las Escrituras existían en la lengua de Huamanga. En ese día de septiembre, la Sociedad Bíblica Unida de Perú dedicaría la *Biblia de Ayacucho* en una ceremonia pública en la ciudad. Luego, la pondría en venta al público.

La venta de los ejemplares de la Biblia preocupaba a Rómulo. Cuando llegó a Ayacucho, encontró a cientos de quechuas en vestidos coloridos esperando la ceremonia de dedicación. La Sociedad Bíblica había enviado 4.000 copias de la *Biblia de Ayacucho* para la ocasión. Para Rómulo, esa cantidad no era suficiente.

"Para empezar, no esperamos vender muchas copias, al máximo serán unos pocos cientos, nada más", dijeron los funcionarios de la Sociedad a Rómulo cuando les insistió que enviaran más. "La mayoría de los quechuas ni saben leer. ¿Cómo van a pagar tres dólares (mucho dinero para ellos) por un libro que no saben leer?".

"Lo comprarán porque es su Libro", Rómulo persistió. "No olviden que ellos mismos ayudaron a traducirlo".

El equipo de traducción de Rómulo había experimentado un método innovador para la traducción de la Biblia. Para llegar a la exactitud de expresión, leían los primeros borradores de los libros del Antiguo Testamento en voz alta ante cientos de quechuas reunidos en conferencias bíblicas o campañas evangelistas. Pedían sugerencias a los oyentes para aclarar el significado y mejorar la legibilidad.

"Gracias por su ayuda", decía Rómulo a las multitudes al concluir estas consultas. "Y recuerden, esta traducción de las Escrituras es tanto su trabajo como el nuestro".

La participación personal de los creyentes quechuas en el proceso de traducción despertó un enorme interés en la *Biblia de Ayacucho* en las zonas rurales de Huamanga. Tan enorme, de hecho, que una vez que los funcionarios de la Sociedad Bíblica ofrecieron la oración dedicatoria y abrieron las cajas llenas de las nuevas Biblias, una masa de quechuas en vestidos coloridos se apresuró a comprarlos. En menos de una hora, los 4000 ejemplares habían desaparecido por completo. Entonces las lágrimas empezaron a brotar.

Hombres y mujeres quechuas lloraban por no poder comprar Biblias. Algunos habían caminado dos o tres días hasta Ayacucho desde pueblos lejanos. Llevaban dinero extra consigo, recaudado de sus vecinos que no podían hacer el viaje. Les prometieron llevar Biblias de vuelta. Ahora iban a regresar a casa con las manos vacías. Algunos de ellos perseguían a Rómulo Sauñe cuando salía de la ceremonia de dedicación, llorando y suplicándole que produzca más ejemplares de la *Biblia de Ayacucho*. Por su parte, Rómulo no pudo hacer más que llorar también. Pero una parte de sus lágrimas fueron de alegría. Ahora sabía, sin lugar a dudas, que 11 años de sacrificio, trabajo y peligro valieron la pena.

Chakiqpampa, 11 de diciembre de 1989

Todos los hombres se habían marchado de Chakiqpampa. El día anterior llegó un mensajero a decirles que Sendero Luminoso iba desde Huancavelica con intenciones de ejecutar la justicia revolucionaria. Nadie sabía cuál de los líderes del pueblo había ofendido a los terroristas, ni qué delitos los senderistas pretendían castigar, por lo tanto, todos los hombres abandonaron el pueblo excepto Justiniano Quicaña. Casi sordo, a pesar del audífono que le había regalado un amigo misionero, Justiniano no escuchó la advertencia de evacuar. Cuando se dio cuenta de que el resto de los hombres se habían ido, ya era tarde. "Menos mal", él dijo a Teófila, "soy demasiado mayor para correr. Además, los senderistas no molestarán a un anciano como yo".

Poco después del amanecer de esa mañana de diciembre, cinco terroristas pasaron por la casa de los Quicaña rumbo al pueblo. Justiniano los vio pasar. "Baja y escucha qué dicen", él dijo a Teófila. Cuando ella llegó al pueblo, los senderistas habían reunido a las mujeres y a los niños en la plaza. El hecho de que no pudieran encontrar hombres en la aldea irritaba a los terroristas. "Empiecen a marchar", ordenaron a las mujeres y los niños. "Los llevaremos a Culluhuanca".

Culluhuanca era una comunidad chanka en las laderas del cerro arriba de Chakiqpampa. Cuando se dieron vuelta las mujeres para empezar a caminar hacia allí, Teófila notó un grupo de senderistas descendiendo de la ladera desde Culluhuanca hacia su casa. Llevaban manojos de hierba seca. Cuando llegaron a la casa de los Quicaña, los terroristas comenzaron a amontonar los manojos contra las paredes. Teófila supo en un instante que pretendían incendiar su casa. Se apresuró a volver a casa.

"Usted es ese anciano que propaga el Evangelio aquí", dijo uno de los senderistas a Justiniano cuando llegaba Teófila. "La gente en Culluhuanca dice que usted ha hecho aumentar mucho a los evangélicos, que habla mucho de Dios. Dice que usted engaña a la gente. Nos dice que hay que matarlo".

"Mira este aparato en su oído", dijo otro terrorista, señalando el audífono. "Creo que con esto se comunica con los gringos imperialistas".

"Con su lengua engaña a la gente", dijo el primer terrorista a Justiniano, señalándole la cara con un dedo. "Vamos a quitársela".

Teófila vio que los senderistas habían saqueado su casa y amarrado todo lo de valor en su mejor colcha para llevárselo. Prendieron fuego al edificio y las llamas envolvieron el resto de los muebles y la ropa de la pareja. Los terroristas sacaron bayonetas de sus cinturones y pincharon a Justiniano y Teófila en la espalda. "Nos vamos a Culluhuanca", ordenaron. "Empiecen a caminar".

Teófila sabía que era inútil protestar. Empezó a subir la ladera del cerro. No había ido muy lejos cuando escuchó gritos abajo. Se giró y vio a un terrorista golpear salvajemente a Justiniano en la cabeza con la culata de su bayoneta. La sangre brotó del cuero cabelludo de su marido.

"¡Muévete!", gritó el senderista a Justiniano.

"Pero ¿acaso no ve que soy anciano?", protestó Justiniano dirigiéndose al joven. "Debo ir despacio. No tengo la culpa".

Teófila reconoció al joven. Era un chanka. Odiaba a los Quicaña y Sauñe con un rencor heredado de sus antepasados. Ese odio estuvo a punto de estallar sobre Justiniano.

"¡Apúrate, apúrate!", gritó Teófila a su marido.

"¡Te he dicho que camines!", gritó el terrorista, golpeando nuevamente a Justiniano con la culata de su bayoneta. Justiniano cayó al suelo. El senderista se inclinó y cortó el cuello del anciano con su bayoneta.

"¡No, no!", gritó Teófila. "¿Por qué matan así a mi esposo? ¿Qué les ha hecho?".

Un terrorista golpeó a Teófila con su bayoneta en la espalda. "¿Tú también quieres morir así?", se burló. "¿Crees que no podemos matarte de la misma forma?".

Varios terroristas se acercaron a Teófila. Ella giró bruscamente y subió la pendiente a paso rápido. Los terroristas, incapaces de igualar su paso rápido en el enrarecido aire andino, no pudieron alcanzar a la pequeña abuela. Su repentina retirada impidió que Teófila viera lo que le estaba pasando a Justiniano, pero sí le salvó la vida.

Cuando llegó a Culluhuanca, los senderistas encerraron a Teófila en una casa con el resto de los cautivos, mientras discutían su próximo paso. De pronto, el ruido de las palas de un helicóptero militar acercándose al pueblo interrumpió la conversación. Los terroristas recogieron rápidamente sus armas y desaparecieron.

Libre de los terroristas, Teófila regresó a casa. Encontró el cuerpo de Justiniano tirado donde había caído. Los dos perros de la familia hacían guardia a su lado. La bayoneta había cortado tan profundamente que la cabeza de Justiniano quedó casi separada del cuerpo. El terrorista también había cumplido su amenaza de cortarle la lengua al veterano evangelista, mutilando toda la mandíbula en el proceso.

El horror fue tan grande que Teófila no pudo llorar. Se sentó en silencio junto a Justiniano. Después de un tiempo, notó que el sol había subido a lo alto del cielo. Cansada, sacó un trozo de chapa del tejado de su casa en ruinas para proteger el cuerpo de su marido del calor.

Cuando había recobrado fuerzas, Teófila cavó un hueco para enterrar a su marido. Los pocos vecinos que habían vuelto de Culluhuanca no se atrevían a ayudar, conscientes de lo que pasaría a los que mostraran simpatía por las víctimas de la justicia revolucionaria.

La conmoción por el brutal asesinato de Justiniano resonó en la familia Quicaña Sauñe. La noticia llegó rápidamente a Ayacucho, Chosica y más allá. El trauma golpeó especialmente duro al nieto de Justiniano, Josué Sauñe. Josué acababa de llegar a Lima procedente de Arizona, EE.UU., tras una ausencia de ocho años. Lo acompañaba su nueva esposa, Missy. Josué estaba por llevarla a Chakiqpampa para conocer a sus abuelos. Una dolorosa llamada telefónica desde Ayacucho obligó a Josué a anular el plan.

Por trágica que fuera la muerte de Justiniano Quicaña, fue notable de que no hubiera ocurrido tiempo antes. Él y su familia abrazaban muy públicamente creencias que Sendero Luminoso pretendía erradicar de la sociedad peruana. Sin embargo, en la década transcurrida desde que Sendero había lanzado su violento ataque contra la sociedad peruana —ataque, además, que estalló primero en los campos de Huamanga—, Justiniano fue el primer miembro de la familia Quicaña Sauñe en morir a manos de los terroristas.

Lamentablemente, él no sería el último.

6

La reunión

Varios meses después de su mudanza de Huánuco a Lima, los misioneros Bruce y Jan Benson recibieron una llamada de su amigo Rubén Matías. A pesar de ser no vidente, Matías era pastor de la Iglesia Alianza Cristiana y Misionera en el pequeño pueblo de San Jorge, cerca de Tingo María en la selva peruana. Los Benson se alegraron de saber de Matías. San Jorge se ubicaba en una zona roja controlada por Sendero Luminoso, y Bruce y Jan estaban preocupados por la seguridad de Matías y de otros pastores y amigos cristianos. La preocupación de los Benson había aumentado bastante desde aquel día en Llata, cuando sufrieron el secuestro y robo a manos de Sendero.

Rubén les aseguró que se encontraba bien. "Escuchen, me gustaría presentarles a un joven de mi congregación en San Jorge", dijo. "Recientemente se entregó a Cristo. ¿Podrían almorzar con nosotros en la iglesia de la Alianza Cristiana y Misionera en Chorrillos?".

Los Benson aceptaron la invitación con gusto. Durante el almuerzo, Matías les presentó a Jorge Ríos, hombre de 26 años de edad con el físico de boxeador y un apretón de mano de fierro. Era obvio que saludar a los Benson incomodaba a Jorge. "¿Cómo está, señor?", dijo con cautela. Cuando Bruce le estrechó la mano al joven, notó que Jorge estaba tenso como un animal enjaulado.

La reunión

Bruce miró fijamente el rostro rígido de Jorge. "Perdóneme, pero ¿nos conocemos?".

Jorge vaciló antes de responder. "No me conocen, pero los he visto antes. Estuve en la unidad de Sendero Luminoso que los secuestró el año pasado en Llata".

Bruce y Jan se miraron. "¿Es eso así?", preguntó Bruce. "¿Cómo sabes que fuimos nosotros?".

"Estaban con su hijo", respondió Jorge. "Confiscamos su automóvil. También nos llevamos un proyector y algunas películas sobre la vida de Jesús."

Jorge Ríos ya había captado por completo la atención de Bruce y Jan Benson. Le hacían algunas preguntas sobre el día en Llata. Jorge, que no era hablador por naturaleza, les respondía con cautela. Instintivamente desconfiaba de los extraños. De hecho, no hubiera respondido a ninguna de las preguntas de los Benson, a no ser porque Rubén Matías confiaba en la pareja y Jorge le había confiado su vida a Matías. Cuanto más hablaba Jorge con Bruce y Jan, más les revelaba sobre sí mismo. Finalmente, los misioneros conocieron toda su historia.

* * *

Desde muy niño tuve un sentimiento muy profundo que me llevó a creer en el marxismo. Vengo de padres campesinos, criado en la selva frontera de Iquitos; soy el mayor de siete hermanos. Mi padre era un carpintero de lanchas, un hombre muy trabajador, muy honesto, pero nunca logró nada en su vida. Trabajé por años al lado de mi padre, ganando medio sueldo para poder mantener a mis hermanos menores.

El hermano de mi padre era todo lo opuesto. Era un rico, tenía su hacienda, ganadería y una industria de caña de azúcar. Mi padre era peón de mi tío. Me acuerdo que, cuando tenía 9 años, comí unas naranjas de la chacra de mi tío. Luego, papá me dijo que ya no las comiera porque el tío las descontaba de su jornal de trabajo. Eso me dañó el corazón. Esta tremenda diferencia de aquellos que tienen más y aquellos que tienen menos llegó a crear dentro de mí un sentimiento de rebelión. Puse en mi corazón una meta: nunca, nunca sería explotado ni humillado por nadie.

A los 17 años, entré al Ejército. Como no había estudiado, ser un militar era mi única salida para algún día trabajar en una empresa buena y ganar plata. Fui comando paracaidista en Lima. Salí entre los 10 mejores de mi promoción en el manejo de armas y todo lo que es estrategia de combate. Con base en eso, el Ejército me dio beca para ir a la Escuela de Oficiales. Firmé un formulario, esperé un mes, pero no me respondieron. Entonces pensé que no me habían aceptado, abandoné el cuartel y volví a Iquitos.

Tenía 19 años de edad, con una expectativa muy grande de superarme. Entonces descubrí que mi mamá se había ido con otro hombre, dejando a mis hermanos. El último, Eloy, tenía 4 añitos. Imagina ver a tu familia dividida. Uno con la abuela, otro con el tío, otro con el primo, y mi padre llorando en las noches en la cama hasta quedarse dormido. Estas cosas marcaron mi vida. Tuve dos intentos de asesinato contra mi madre y su novio. Entonces, para no cometer una locura, salí de mi pueblo en una embarcación con dirección a Pucallpa.

Me puse a tomar. Vendí mis pocas ropas que tenía para drogarme. Me junté con delincuentes de la calle y viví de lo que robaba. Dormí bajo los árboles. Después de un buen tiempo, partí a Tingo María. Conocí a un amigo que trabajaba en el narcotráfico y comencé a trabajar con él. Compré una chacra, bajando por el río Aguaytia en una zona de San Martín. A los dos o tres años, produje hectáreas de coca. Tenía mis propios laboratorios clandestinos para producir pasta de cocaína. Comencé a tener mucha plata, pero era una vida totalmente insegura. Aún con todo lo que había logrado —dinero, mujeres, amigos— no encontré sentido a la vida.

* * *

El estilo de vida de Jorge cambió drásticamente cuando se unió a Sendero Luminoso. Inmediatamente se abstuvo de drogas, alcohol y relaciones sexuales. Dejó de fabricar base de cocaína y entregó sus bienes a la revolución. Ya no le importaba ganar dinero. Sólo quería ser el mejor revolucionario posible porque Sendero Luminoso encarnaba los ideales de igualdad y justicia que Jorge anhelaba.

"Un comunista no podía comer un pan si no lo repartía a sus demás compañeros", explicó. "Nos unía un objetivo: extender la revolución en mi país. No quería ser un militante mediocre. El partido comunista nos demandaba todo o nada".

Mao decía que quien no deja padre y madre y todo lo que posee es incapaz de promover la revolución en la tierra.

Mao no diría eso de Jorge. No fue un militante mediocre. Dio todo lo que Sendero Luminoso exigía: obediencia absoluta e incondicional. En algunos casos, eso significaba matar personas, como el hombre al que una vez estranguló públicamente por orden del oficial al mando. La víctima, uno de los tres condenados a muerte por violar la ley revolucionaria, dijo a Jorge que era cristiano y que su vida estaba "asegurada". Jorge no sabía lo que eso significaba ni entendía por qué el hombre seguía diciendo, "Padre, perdónalos", mientras Jorge apretaba cada vez más la cuerda alrededor de su garganta, hasta que el hombre no pudo hablar más.

La lealtad de Jorge a Sendero superó todas las pruebas. Hubo una noche, por ejemplo, en que su unidad se instaló frente a una pantalla de cine para ver las películas que habían confiscado a Bruce Benson en

Llata. Las películas representaban gráficamente la vida y la muerte de Jesús. Al verlas, varios terroristas cuestionaron la doctrina marxista-leninista-maoísta del Presidente Gonzalo. Algunos incluso decidieron abandonar el batallón. Pero Jorge no. Su obediencia a Sendero era absoluta.

Con mayor frecuencia, Sendero exigía que Jorge matara a los oficiales uniformados. Su batallón asaltaba comisarías de Policía y tendía emboscadas a caravanas militares. Para montar tales ataques, los senderistas se dividieron en dos compañías: la línea de fuego y el equipo de asalto. El primer grupo siempre era el más numeroso. Comenzaba el ataque disparando contra el enemigo con armas automáticas, lanzacohetes y granadas. El pequeño equipo de asalto esperaba hasta que el bombardeo había matado a algunos enemigos para avanzar y confiscar sus armas. Por supuesto, esto era extremadamente peligroso. Sólo los senderistas más dedicados se ofrecían como voluntarios para el equipo de asalto, ya que había una gran posibilidad de que murieran en el combate. Tan a menudo como pudo, Jorge se ofreció como voluntario para el equipo de asalto.

Un día, su batallón tendió una emboscada a una caravana de policías. En cuestión de minutos, la línea de fuego mató a 25 oficiales uniformados. La mayoría de los muertos yacían en la parte trasera de un camión abierto al costado de la carretera, 20 metros por debajo de los senderistas. El equipo de asalto dudó en ir por las armas porque la única forma de bajar hasta el camión era por una soga tendida sobre el empinado terraplén.

Jorge no dudó. A pesar de que lo habían asignado a la línea de fuego, entregó su rifle a un compañero y se arrojó sobre el terraplén. Descendió por la soga hasta caer al camión policial. Las balas volaron en todas direcciones, tanto de los policías escondidos entre la maleza al otro lado de la carretera como de su propio batallón arriba. Sin embargo, ninguna alcanzó a Jorge. Mientras despojaba a los muertos de armas y municiones, levantó un rifle en el aire y gritó a sus asombrados camaradas, "¡Que viva el Partido Comunista!".

Cualquier senderista que sobreviviera tales ataques obtenía una reputación de héroe entre sus camaradas y, a veces, un ascenso en las filas. Una semana después de este asalto, los superiores de Jorge lo ascendieron a comandante de un batallón de 280 senderistas. La unidad mantenía su cuartel general en San Jorge, pueblo a cinco kilómetros de Tingo María en la Selva Central de Perú. Ahora, le tocaba a Jorge dar órdenes de matar a personas que violaran la ley revolucionaria. No vaciló en cumplir con su deber.

Con frecuencia, Jorge daba órdenes de matar a oficiales uniformados. Un día de octubre de 1989, su unidad tendió una emboscada a una caravana de policías en la carretera cerca a Tingo María. Resultó ser la última emboscada de Jorge. Mientras recargaba su arma automática, un cohete pasó rozando su cabeza, explotó en la rama de un árbol a dos metros detrás de él, rociando a Jorge con metralla. Sus camaradas lo llevaron de la batalla a una clínica clandestina en la selva, donde médicos lograron detener la hemorragia y retirar algunos de los fragmentos de la metralla.

Jorge tenía que permanecer escondido en San Jorge durante varias semanas para recuperarse, a la orden de los doctores. Su batallón le asignó un guardaespaldas llamado Efraín para vigilarlo hasta que pudiera recuperarse. Con el tiempo, sus heridas sanaron. Pero ahora sufría de un dolor de cabeza crónico. Ese dolor de cabeza tenía nombre: Rubén Matías, pastor de la Iglesia Alianza Cristiana y Misionera en San Jorge.

* * *

> Habitualmente cuando llegábamos en un pueblo, a los religiosos dábamos tres opciones. O se unían a nosotros, o tenían 24 horas para que abandonen el pueblo, o eran fusilados si resistían. Así que han

muerto muchos encargados de iglesias. Regresé a San Jorge y las quejas del mando político eran que el Pastor Rubén Matías seguía predicando el evangelio. Siempre decía que "primero era Dios, después el Partido." Para nosotros que habíamos dado la vida por la revolución, esa frase a la verdad era un golpe duro contra las convicciones.

Entonces, busqué a algunas personas para que investiguen a este pastor para encontrarle una falta grave —una estafa, un robo, algo que esté en contra de lo que él predicaba. No podíamos inventar un error porque estaría yendo en contra de nuestros principios. Además, el pastor era ciego e iba en contra de los principios de Sendero matar a los discapacitados sin una causa justa. Cuando volvieron los investigadores, me dijeron que no encontraron nada. Al contrario, este pastor era muy querido en el pueblo.

Seguía predicando. Con Efraín hablábamos mucho sobre el pastor Matías para ver qué hacíamos con él. Todos me decían que lo aniquile. Era un peligro tenerlo por ahí, porque teníamos temor de que el comunismo pierda credibilidad ante el pueblo. Aconsejaba mucho a la gente y, aun siendo ciego, nunca pedía nada a nadie. Incluso, él conocía los principios de la ideología comunista y en algunas reuniones compartía opiniones concretas.

En una ocasión, hice una reunión para matar a una persona en San Jorge y estaba presente un líder de la iglesia del pastor Matías. Pedí a quien quiera dar una opinión a favor de esta persona. Una mano se levantó y este hombre cristiano dijo: "¿Por qué no le damos una oportunidad más? Si no cambia, lo podemos fusilar".

Pregunté a ese hombre si él podía garantizar al acusado con su vida, y me dijo que sí. Este fue uno de los impactos del cristianismo. La mayoría de los que garantizaban a las personas con su vida eran

La reunión

cristianos. Gracias a ellos, la gente se convertía en evangélicos y no volvía a cometer errores.

En una reunión estuvieron presentes la esposa del pastor Matías y los miembros de la iglesia. Quise atemorizar al pastor. Me puse al medio de la reunión, saqué mi revólver y dije: "Si veo a Dios en este momento, le voy a volar la cabeza a balazos. Digan al pastor que no predique más el Evangelio acá, esto es una zona roja. Dejen de hablar de Dios o voy allí con una bomba cuando estén en pleno culto".

Pasó como una semana y el pastor continuó haciendo sus reuniones. Entonces me enojé. Hablé con los mandos: "Reúnan al pueblo, lleven a la gente selva adentro y traigan al pastor para matarlo". Ese día estaba con mi guardaespaldas Efraín al lado de un puente, que en realidad era solo un palo grueso, y vi pasar a la gente hacia la reunión. Después de un rato, vi que el pastor Rubén Matías se acercaba con su esposa. Entonces me detuve a ver fijamente cómo iba este ciego a pasar el río a través de ese palo grueso. Lo observé y lo observé y, cuando estaba a unos tres metros, le dije: "Hola pastor".

"Hola. ¿Quién me habla?".

"Soy el compañero Dámaso".

"Estamos yendo a la reunión, ¿no?", dijo el pastor. "Pero no entiendo por qué me llevan atado. Creo que me quieren matar".

En ese momento, honestamente creo que Dios intervino. Me quedé parado mirándolo. En menos de 20 segundos, tomé mi decisión.

"Bueno, pastor, usted vuélvase para su casa con su esposa".

"Ah, bueno, está bien", se dio vuelta y se fue.

Efraín dijo: "Entonces, ¿para qué hacemos la reunión, si el objetivo era matar al pastor?".

Respondí, "Bueno, da la orden al pueblo de que no hay reunión y que retornen todos a sus casas".

Estando allí en compañía de esos terroristas, en el fondo sentía que yo era un esclavo. Ya vivir para el comunismo no me satisfacía. Tampoco podía retirarme. Una vez que te unes a la Fuerza Principal, ya no puedes pedir la renuncia.

* * *

Las fuerzas de seguridad nunca habrían capturado a Jorge Ríos si él no hubiera violado sus propios principios senderistas. Jorge regresaba solo a San Jorge de una visita a un batallón vecino cuando de repente se encontró con Badd Araujo. Araujo estaba vestido con el atuendo revolucionario, completamente de negro. Levantó la mano en saludo a Jorge. "Hola, camarada comandante".

¡Caramba! Este tipo me conoce, pensó Jorge. "¿Quién eres?", preguntó a Araujo. "¿Con qué batallón estás?".

"Soy de un batallón que no conoces, uno muy poderoso. Aunque mataron a nuestro comandante, él resucitó de entre los muertos."

Antes de que Jorge se diera cuenta de lo que pasaba, Araujo había sacado una Biblia de su mochila y comenzado a leer textos que hablaban de Jesús y del Reino de Dios. Cuando terminó, dijo: "Según la Biblia, sólo los más valientes entrarán al Reino de Dios. Dígame, camarada, ¿es usted suficientemente valiente como para invitar a Jesús a entrar en su corazón ahora mismo?".

Jorge pensó un momento. "No hay problema", dijo finalmente. "¿Qué tengo que hacer?". Este hombre vestido de negro era una molestia y Jorge estaba dispuesto a hacer cualquier cosa para deshacerse de él.

Araujo hizo que Jorge se arrodillara con él y repitiera una oración de confesión, pidiendo a Dios que perdonara sus pecados y que le concediera la vida eterna. Se pusieron de pie, Araujo abrazó a Jorge y le dijo que ahora los dos eran hermanos en Cristo. Jorge no dijo nada.

"Usted conoce al pastor Rubén Matías, ¿no?", preguntó Araujo.

"Sí, lo conozco", respondió Jorge, sorprendido.

"Cada vez que voy a la casa del pastor, habla de ti. Él ora por ti todos los días. El pastor Matías te quiere mucho".

De repente, Badd Araujo desapareció y Jorge se quedó solo en el camino, pensando. Le invadió un sentimiento de gran vergüenza. ¡Qué espectáculo tan ridículo había dado de sí mismo! Él, un comandante de Sendero Luminoso, arrodillado y orando sobre un camino en la selva con un evangelista cristiano. Sinceramente deseaba que nadie se enterara de esto, ya que arruinaría su credibilidad como comunista. La oración iba completamente en contra de sus convicciones senderistas.

Como suele suceder, una infracción de los principios lleva a otras. Cinco días después, un narcotraficante conocido invitó a Jorge a Tingo María a tomar cerveza con un grupo de amigos. Jorge aceptó, aunque esto también iba en contra de sus principios senderistas. El narco seleccionó una taberna discreta y apartada. Entendía que los senderistas debían tener cuidado siempre que se aventuraban fuera de su zona roja.

Jorge, por su parte, no sospechaba nada inusual, incluso cuando el narco se excusó y salió bruscamente de la taberna. Entendía que los traficantes a menudo tenían tratos que los ocupaban en momentos extraños. Sin embargo, Jorge empezó a sentirse incómodo cuando, varios minutos después, oyó a sus espaldas el chasquido de fusiles y una aguda orden militar: "¡Alto! Quédate donde estás".

> Me ataron, me vendaron los ojos y estuve varios días en el calabozo. Parece que los militares me habían confundido con un amigo, porque lo torturaron más a él que a mí. Escuchaba los gritos. Hablé con mi amigo por un pequeño agujero en la pared y me contó que los militares sabían que yo era del comando de Sendero, aunque él no les había dicho nada. Después

de algunos días de tortura, me condenaron a ser fusilado.

Cuando a las 10:00 de la noche el oficial me dijo que me iban a fusilar en la mañana, comencé a meditar sobre mi vida. Recordé mi niñez, mi adolescencia, mis amigos, Sendero Luminoso. Me sentía tan abandonado en ese calabozo. Pasamos días sin comer, atados y con los ojos vendados. Mis lágrimas comenzaron a correr, y allí recordé las palabras del pastor Matías, que me dijo que cuando esté en los momentos más difíciles, si clamo a Dios de corazón, no tarda en responder.

Para mí era imposible creer en Dios. Entonces sentí que mi amigo del otro lado del calabozo golpeó la pared y me preguntó: "¿Qué vamos a hacer?". Le dije: "La única solución aquí es Dios". Cuando llegó la madrugada, tuve que enfrentar mi realidad. Así que caí al piso llorando y dije: "Dios, si existes, te pido que me des una oportunidad más en la vida".

Esta frase me quebró el corazón. Me sentí tan impotente de hacer algo por mí mismo. Me di cuenta de que todo lo que hice era malo, pero no sabía cómo revertir esta situación. Hice lo que el pastor Matías me dijo, pedí perdón a Dios. Traté de hacerlo de la mejor manera posible. No sé cuánto tiempo estuve llorando tirado en el piso.

Después, fue como si despertara de un sueño. Me paré y descubrí que las cadenas que sujetaban mi brazo estaban sueltas y mi venda se me había caído de los ojos. En ese momento experimenté instantáneamente una paz extraña. Mi cuerpo se sentía anestesiado. Era como si me hubieran sacado 500 kilos de encima. Amaneció, un comandante del Ejército abrió la puerta del calabozo y me preguntó: "¿Qué te sucedió? ¿Quién te desató?".

* * *

La reunión

El oficial ordenó que ataran a Jorge y le vendaran los ojos otra vez. Luego lo cargaron en la parte trasera de un camión del Ejército. Hasta donde él sabía, Jorge estaba en camino a su ejecución. Sin embargo, sentía una paz tan abrumadora que no tenía miedo de morir. No sabía que esa misma mañana había llegado desde Lima una comisión de Inspectores de Derechos Humanos para revisar el calabozo militar en busca de víctimas de tortura. Como resultado, los soldados no lo llevaron ante un pelotón de fusilamiento, sino a la Comisaría de Policía al otro lado de la ciudad para esconderlo de los investigadores. El Ejército dejó instrucciones al jefe de Policía de que podría detener a Jorge por sólo tres días, a menos que recibiera una orden de arresto firmada por un juez.

No llegó tal orden y tres días después Jorge salió de la cárcel y regresó a San Jorge. Allí vagó durante cinco días, tratando de determinar qué hacer. Finalmente decidió que debía hablar con Rubén Matías.

Jorge llamó a su puerta una mañana temprano. "¿Quién está ahí?", una voz llamó desde el interior de la casa.

"Jorge Ríos. ¿Puedo hablar con ustedes, por favor?".

La hija del pastor Matías, Janeth, con los ojos muy abiertos por el susto, abrió la puerta. "Bueno...pase", tartamudeó, fijando la mirada en el revólver que Jorge llevaba en el cinturón. Janeth tenía motivos para estar asustada. Al fin y al cabo, ahí estaba el hombre que no hace mucho había amenazado con explotar una bomba en la iglesia de su padre. Sin embargo, ella lo invitó a quedarse a desayunar.

Jorge conversó con Rubén Matías durante toda la mañana. Le contó al pastor su experiencia en el calabozo. "Vine aquí con la intención de entregar mi vida a Cristo. Ya no quiero ser la misma persona. No me siento ya la misma persona y sé que hay algo que debo hacer".

Matías aconsejó a Jorge que confirmara su decisión de seguir a Cristo de corazón y de forma voluntaria. Los dos oraron. Matías hizo que Jorge escuchara una grabación de Nicky Cruz, quien contaba de su conversión a Cristo mientras lideraba una pandilla criminal en la ciudad de Nueva York. Jorge encontró el relato bastante conmovedor, especialmente porque, al igual que Cruz, su conversión a Cristo lo puso en serio peligro con sus antiguos socios.

"¿A dónde me voy?", preguntó a Matías. "Si Sendero se entera de que me convertí, no podré permanecer en la selva".

A pesar de los riesgos, Jorge no tenía intención de ocultar su fe en Jesús. El siguiente domingo asistió al culto en la iglesia Alianza Cristiana y Misionera y, por invitación del pastor, confirmó públicamente su conversión a Cristo. La noticia de la decisión del comandante se difundió rápidamente por San Jorge. Unos días después, un grupo de senderistas en motocicletas rodeó a Jorge en una parada de autobús. Insistieron en que él los acompañe. Jorge sabía que no podía discutir la orden. Solo pidió que le permitieran despedirse de Rubén Matías, quien justo en ese momento llegaba en el autobús procedente de Tingo María. Jorge le explicó brevemente al pastor no vidente lo que estaba pasando.

"Si puedo, intentaré escapar", dijo Jorge, con lágrimas en los ojos.

"No tengas miedo", respondió Matías. "Tú eres ahora cristiano. Aunque te maten, estás en el Reino de Dios". Matías metió un Nuevo Testamento y algo de dinero en efectivo en la mochila de Jorge antes de que el joven se marchara en la parte trasera de una motocicleta.

El comandante del batallón senderista que capturó a Jorge era un viejo amigo, por lo que no ordenó atar a su prisionero. De hecho, hizo todo lo posible para tranquilizar a Jorge, actuando como si Sendero no tuviera la menor intención de matarlo. Jorge sabía muy bien que Sendero tenía toda la intención de matarlo, pero, por respeto a su amigo, se portaba como si no

La reunión

sospechara nada. La farsa logró tranquilizar al comandante de tal manera que, cuando Jorge pidió regresar a la ciudad para cobrar una deuda, su amigo accedió. Asignó a dos senderistas para escoltar al prisionero. Jorge pronto se dio cuenta de que los dos eran novatos. Aceptaron su invitación de parar a medio camino y tomar una cerveza. Mientras bebían, Jorge se excusó para ir al baño. Desde allí, salió por la parte trasera de la taberna hacia la selva. Ya entrada la noche, se dirigió a la casa de Rubén Matías.

El alivio de Matías de ver a Jorge se atenuó por una angustiosa noticia que acababa de recibir. El Ejército nuevamente buscaba a Jorge. Habían obtenido la orden de arresto firmada por un juez. Si esta vez lo atrapaban, ningún Inspector de Derechos Humanos podría salvarlo.

Sin embargo, Matías tenía un plan. Organizaría una ruta clandestina de escape a Lima, utilizando contactos con pastores que vivían en el camino. Mientras esperaba la salida, Jorge podía esconderse en una bodega de la planta alta de la Iglesia Asambleas de Dios en Tingo María. El Ejército no lo buscó allí porque la iglesia estaba a sólo una cuadra de la Comisaría de Policía donde Jorge había sido encarcelado recientemente.

Sólo Rubén Matías y el pastor de la Iglesia Asambleas de Dios sabían del plan. Jorge estaría a salvo mientras permaneciera fuera de la vista. Permaneció escondido en la bodega de la planta alta durante varios días. Pero, después de haber pasado días sin comer nada, salió una mañana a buscar desayuno. Cinco segundos después de que saliera a la calle, un camión de la Policía se detuvo en la calle. Varios oficiales saltaron del vehículo y lo arrestaron.

Entonces Rubén Matías utilizó sus contactos con otros pastores para juntar fuerzas y buscar el indulto para Jorge. Uno por uno, los líderes evangélicos buscaban entrevistas con el jefe de Policía. Hablaban a favor del senderista capturado-- ex-senderista enfatizaban-- señalando que Jorge se encontraba en la lista de condenados a muerte de Sendero Luminoso debido a su conversión a Cristo. Si Sendero quería matarlo por traidor, ¿no deberían las autoridades reducir los cargos en su contra?

La Policía respondió a este argumento allanando la Iglesia Asambleas de Dios y amenazando con cerrarla por albergar a un subversivo. Los agentes también amenazaron con arrestar a los pastores que iban a pedir clemencia para Jorge Ríos. Badd Araujo incluso sufrió golpes a manos de los oficiales, quienes le dieron 12 horas para abandonar Tingo María o sufriría las consecuencias.

A pesar de su duro trato, la Policía había salvado la vida de Jorge al arrestarlo antes que el Ejército. Los militares insistían en que entregaran al prisionero para ponerlo frente a un pelotón de fusilamiento. El jefe de Policía resistía la demanda, tal vez porque le gustaba la idea de liquidar él mismo a un notorio senderista. Una vez, cuando había bebido demasiado, llegó a la celda de Jorge blandiendo su revólver.

"¿Ves esta pistola?", preguntó con risa siniestra. "Esta arma ha ejecutado a cinco hombres. Parece que tú serás el sexto".

* * *

La última carta de jugar para mí fue el pastor Rubén Matías. Fue a la Policía y pidió hablar con el comandante. "¿También tú vienes por el senderista?", le preguntó.

"No, vengo a hablar con usted, señor Comandante", dijo el pastor. "Tenemos muchas cosas que hablar en cuanto al Evangelio, porque usted, señor, es un pecador igual que yo".

El pastor Matías predicó de Cristo al comandante de la policía de tal manera que fue tocado por Dios. Luego, le comentó de mi entrega a Cristo y le pidió un favor.

La reunión

"Usted, señor Comandante, al igual que Jorge, es una persona perdida. Sin embargo, Cristo los ama a ambos, los quiere para él. Por lo tanto, Comandante, usted no tiene derecho de matar al joven. Solamente Dios puede sentenciar su vida".

El pastor Matías describió mi conversión a Cristo y luego lo dejó. Después de dos días, el hombre se paró en la puerta de mi celda. Estuvo allí unos dos minutos sin decirme nada. Luego hizo señas para que me acercara a él. Vi que le salían unas cuantas lágrimas de los ojos.

"¿Por qué te convertiste en senderista?", preguntó. "Tengo dos hijos jóvenes y nunca quisiera que mis hijos estén en la situación en la que te encuentras. Mira, aquí tengo una orden para hacerte desaparecer".

"Todo lo que ustedes saben de mí es verdad", le dije. Declaré a ese comandante lo que nunca había declarado ni a los militares ni a ningún policía. Dije: "Es verdad que fui senderista, hice esto y lo otro. Pero entregué mi vida a Cristo. Quizás no signifique nada para usted, pero ya no temo lo que usted puede hacer con mi vida."

"No te preocupes", dijo. "Tu pastor habló conmigo y entramos en un acuerdo. Desde este momento, vos estás muerto". Sacó mis antecedentes, los rompió y allí los quemó.

"Mira, no te puedo soltar acá", dijo. "Los militares o Sendero te matarían. Tengo orden de captura emitida por el Ejército por abandono de cargo".

La orden de arresto fue por esa vez en la que el Ejército me becó a la Escuela de Oficiales. Después de un mes, pensé que no me habían aceptado y me fui del cuartel. Luego llegó mi aceptación y, como no aparecí, me denunciaron por deserción.

"Como senderista, aquí has terminado", dijo el comandante. "Tus antecedentes los borramos todos. Mañana te vas a Lima en un avión".

"Nunca hice esto con ningún prisionero, peor con uno como vos. Para ser honesto, lo que tu pastor me habló de Dios realmente me conmovió. Y lo que más me conmovió es que tú no eres nada de él, ni hijo, ni familia. Sin embargo, persistió en pedir clemencia para ti, estando en peligro de ser involucrado con Sendero Luminoso.

El Comandante me miró fijamente. "Espero que seas un verdadero cristiano", dijo. "Espero que de verdad hayas cambiado tu vida".

En la mañana, vigilado por dos policías, fui a Lima en un avión militar. Me dejaron en el Palacio de Justicia por tres días, luego me trasladaron al cuartel militar. Después de dos semanas, el pastor Matías me encontró allí. El pastor Wilfredo Castro de la Alianza Cristiana y Misionera de Chorrillos pagó mi multa de tres meses a la prisión y me soltaron.

* * *

Jorge había obtenido su libertad unos pocos días antes de encontrarse con Bruce y Jan Benson en el almuerzo de Chorrillos. El joven todavía sospechaba de las personas extrañas, pensando que podrían traicionarlo ante las fuerzas de seguridad o, peor aún, ante Sendero. A pesar de sus sospechas, Jorge respondió a todas las preguntas de los Benson sobre el incidente de Llata, ocurrido casi exactamente un año antes de ese almuerzo.

"Dime, ¿qué pretendía hacer Sendero con nosotros?", preguntó Bruce.

Ríos miró al suelo. "Teníamos órdenes de matarlos. Pero no lo hicimos. Mejor dicho, no pudimos. Algo nos impidió cumplir las órdenes".

Los Benson se miraron. Por un instante, revivieron el terror de su captura en ese solitario camino de la montaña. Luego, sintieron de nuevo la inexplicable paz que se había apoderado de ellos a medida que avanzaba el día.

La reunión

"Jorge, no fue 'algo' que les impidió, fue Alguien", dijo Bruce gentilmente. "Sentimos que Dios había puesto a sus ángeles a nuestro alrededor aquel día".

Jorge reflexionó sobre esto por un momento antes de completar los detalles. El mando militar de Sendero Luminoso había ordenado a su batallón eliminar a todos los viajeros que encontraran. Sendero tenía la intención de purgar la zona de toda persona que no fuera residente local. Por ende, una vez terminada la reunión popular en la plaza de Llata, los senderistas debían haber llevado a la familia Benson a las afueras del pueblo para ejecutarla, dejando sus cuerpos en un lugar apartado donde no serían encontrados por un tiempo.

"Pero antes de que pudiéramos cumplir la orden, recibimos una comunicación por radio de que el Ejército se estaba acercando a Llata", dijo Jorge. "No sabíamos si estaban delante o detrás de nosotros, por lo que tuvimos que desaparecer apresuradamente. No tuvimos tiempo de ejecutar la orden".

Un silencio momentáneo cayó sobre los Benson y su nuevo conocido. Por lo que sabían de Jorge y sus antiguos socios, Bruce y Jan no dudaban de que habrían cumplido sus órdenes al pie de la letra, si no se hubieran visto obligados a huir del Ejército.

Sin embargo, había algo extraño en el reporte sobre el Ejército. Los Benson no vieron ninguna actividad militar cerca de Llata durante los 15 días de su estadía en el pueblo. Seguramente fue otra Fuerza la que hizo huir a sus captores.

Jorge rompió el silencio. "Sabes, he hecho muchas cosas malas en mi vida. Solo empiezo a darme cuenta ahora de cuánto dolor y sufrimiento he causado a personas como ustedes. Quiero decirles algo, ahora que tengo la oportunidad".

Se puso de pie. "Lo siento", dijo. "¿Podrán encontrar en sus corazones la posibilidad de perdonarme?".

7

Éxodo en el tiempo de Los Dolores

El inexorable avance de Sendero Luminoso por los ríos Ene y Tambo causó enorme sufrimiento en las comunidades asháninkas. La "liberación" trajo muerte, servidumbre y hambre a los pueblos nativos. Cuando Sendero llegó a Puerto Asháninka, pueblo cerca de la unión de los ríos Ene y Tambo, obligaron a los residentes a asistir a una reunión popular. Allí los senderistas expusieron la doctrina marxista-leninista-maoísta del Presidente Gonzalo y dijeron a los asháninkas que, ahora que su comunidad había sido liberada, esperaban su colaboración con la revolución. Amiel Ernesto tomó la palabra para decir que no pensaba cooperar con la revolución porque su doctrina iba en contra de las enseñanzas de la palabra de Dios.

Los senderistas habían escuchado este tipo de objeciones antes, y decidieron utilizar como ejemplo al impertinente joven. Arrastraron a Amiel frente a la asamblea y lo mataron a puñaladas mientras su esposa, Ángela, y el hijo de tres años de Amiel observaban impotentes. El resto de los aldeanos no pudieron defender a Amiel. Los senderistas habían tenido cuidado de quitarles sus escopetas, arcos y flechas antes de que comenzara la reunión. La única opción que tenían los aldeanos era colaborar con la revolución o morir como Amiel. Todo el pueblo, incluidos los padres de Amiel y sus ocho hermanos y hermanas menores, se resignaron a la sumisión.

Éxodo en el tiempo de Los Dolores

Eso significó abandonar sus prósperas plantaciones de café y cacao para vivir como esclavos de Sendero. Durante los siguientes tres años, los comunarios de Puerto Asháninka vagaron de una base clandestina de los terroristas a otra, cultivando arroz y frijoles para sus captores. Ellos mismos comieron lo que los terroristas les permitían y lo que podían encontrar en la selva. En otras palabras, comían muy poco.

Sendero Luminoso constantemente predicaba los temas de igualdad y justicia a los asháninkas; sin embargo, los nativos nunca comprendieron la conexión entre la revolución y estos nobles principios. De hecho, muchos de los asháninkas solían referirse a los años finales de los 1980 y principios de los 1990 como "Los Dolores". Los asháninkas que vivían en las comunidades atsiri en la zona de Satipo sufrieron los mayores dolores durante la revolución. Sendero saqueó y quemó decenas de sus aldeas, liquidando a los asháninkas que se atrevían a resistir la liberación y llevando a los sobrevivientes a campos de concentración.

Cuando Maurine Friesen habla de Los Dolores, sus ojos azules brillan con ira. "Hubo muchos niños asesinados durante ese periodo. Fue terrible. Sendero fue demasiado cruel".

Para Maurine, el crimen más cruel que Sendero Luminoso cometió contra los asháninkas fue obligarlos a tomar las armas contra su propio pueblo. Aquellos que al principio se negaron a hacerlo vieron a sus propias familias asesinadas. Luego, con sus fusiles a las espaldas, los terroristas ordenaron a sus prisioneros atacar las comunidades vecinas. Las mujeres y niños asháninkas servían como tropa de asalto en esos ataques, invadiendo las aldeas para saquear casas y prenderles fuego. Los hombres asháninkas los seguían, atacando con flechas y machetes. Solo después, los terroristas armados salían de la selva para acabar con la poca resistencia sobrante.

Se estima que seis mil asháninkas murieron en la Selva Central de Perú durante Los Dolores. Otros cinco mil desparecieron. Estas cifras significan una quinta parte de la población asháninka en la zona. Si Sendero Luminoso hubiera infligido la misma cantidad de sufrimiento en toda la República del Perú, la guerra no se habría cobrado solo 50 mil vidas, sino 850 mil. No es por nada que futuros historiadores se referirían a Los Dolores como "el Holocausto Asháninka".

* * *

La señora Natividad Araníbar Cecilio estaba pasando una mañana tranquila en Puerto Ocopa. Sus seis hijos mayores estaban en la escuela y ella estaba sola en casa con Pablo Cecilio, de tres años. Al niño le puso el nombre del esposo de Natividad, quien era pastor de la Iglesia Evangélica Asháninka en Alto Gloriabamba. Eso fue antes de que Los Dolores les obligaran a Natividad y a su joven familia a escapar de Alto Gloriabamba para vivir en Puerto Ocopa.

La casa de Natividad era típicamente asháninka. Un seto a la altura del pecho rodeaba el patio familiar, que se encontraba al lado del patio idéntico de su tío, Diego Quichaite. Dispersos árboles de plátano y papaya crecían en la tierra apisonada del patio. La familia residía en tres construcciones separadas, todas con paredes de caña y techos de palma. Una edificación era para dormir, la cocina ocupaba otra. La más grande servía como comedor y taller, con mallas de pesca colgadas de las vigas.

Natividad estaba sentada en una larga mesa de tablas toscamente talladas, contando la saga de su lucha para salvar a su familia de Los Dolores.

> Los senderistas llegaron por primera vez el 29 de junio, a las 8:00 de la noche. La familia ya estaba descansando. Eran unos 30 terrucos. Los

comunarios de Gloriabamba, asháninkas como yo, los acompañaron. Llamaron a mi esposo Pablo. "Tío, tío, te vienen de visita".

"A caso, ¿no entran por acá los soldados?", los senderistas le preguntaron.

"¿Qué soldados entrarían acá?", preguntó mi esposo. "Por aquí no viene nadie más que los compradores de café".

"Si ves a los soldados, nos avisarás", le dijeron.

Creo que ese fue un pretexto para luego poder matarnos. Los de Gloriabamba habían dicho a Sendero: "¿Sabían que hay un vecino que quiere formar una ronda (milicia civil)?". Pero nosotros no sabíamos nada de ninguna ronda.

Yo estaba en cama con mis niños esa noche y no quise levantarme. La mañana siguiente, pregunté a mi esposo: "¿Quién era esa gente que vino de noche?".

"Los comuneros de Gloriabamba. Había además un colono", respondió.

"¿Por qué han venido?".

"Quieren que los apoyemos, para que puedan ser la 'nueva generación'. Han dicho que vamos a tener nuestros propios mercados. Algún día vamos a tener tiendas grandes, como los colonos".

"¿Qué cosa van a hacer?".

"No sé. No entiendo bien qué es Sendero".

Solo después me enteré de que los senderistas querían matar a mi esposo por envidia de las ocho hectáreas de café que teníamos. Además, mi esposo era pastor de la Iglesia Evangélica Asháninka en nuestra comunidad, congregación de 15 miembros.

Un día estábamos cosechando frijol y pasó un helicóptero que iba volando bajito. Era el alcalde, Santiago Contoricón, paseando por acá. Le grité: "¡Ven, Santiago! ¡Aterriza acá!". En la tarde los de Sendero volvieron con los comuneros de Gloriabamba.

"Tía, ¿por acá ha pasado un helicóptero?", me preguntaron.

"Sí, ha pasado".

"Dime, ¿ha aterrizado? ¿No lo has visto aterrizar acá?".

"No, pasó y fue a Satipo".

Ellos le dijeron a mi esposo: "Mejor que te separes de tu casa y que hagas una casita en el monte. Así, cuando venga el helicóptero, nadie va a salir a hacerle señas". Después llevaron a mi esposo aparte para hablarle. Cuando terminaron de hablar, volvió medio triste y rápidamente preparó su ropa.

"¿A dónde vas?", le pregunté.

"Les voy a seguir", respondió.

"¿Por qué?".

"Porque si no, me van a matar".

"Y yo, ¿a dónde voy?". Tenía mi hijo de tres meses y no sabía qué hacer con él.

"Ve donde tu tío, Juan Emilio", respondió. "Y ora por mí. No sé qué cosa me van a hacer".

A los tres días, llegó de nuevo mi esposo. Dijo que los senderistas lo habían llevado a Villarrica. En medio camino, lo agarraron y dijeron: "¿Vas a escaparte? ¿O quieres ir a charquear pescado?". Pablo no sabía qué cosa era "charquear pescado". Luego supimos que se refería a una matanza.

"¿Por qué querría escaparme?", preguntó.

"¿Tienes hijos mayores, de 14 años para arriba?", preguntaron.

"No, todos son de 10 para abajo".

"Entonces, ¿tienes arma?".

"Sí, tengo".

"¿Para qué has comprado?".

"Para animales, para cazar en el monte".

"Por si acaso, ¿esa escopeta no es para matarnos?".

"No, no es para matar gente. Es para caza, para comer carne con mis hijos".

"La escopeta no es para gente entonces. Ya veremos". Ellos siguieron caminando.

Una vez entrando a Villarrica, los senderistas cogieron toda la ropa de los comuneros y quemaron sus casas. Mi esposo se quedó parado ahí, mirando "¿Qué cosa van a hacer?" pensaba. Vio a los comuneros escapar a Palomar por el monte. Luego, un asháninka le contó que los senderistas habían cogido al profesor y lo habían matado. Mi esposo no vio eso. Dijeron que lo llevaron al río y lo mataron con un cuchillo. Su cuerpo fue llevado por el río.

Después de esto, los senderistas venían a cada rato a Gloriabamba a hacer reuniones. Nombraron su junta directiva y un secretario. "Ahora mi jefe dice que toditos van a cambiar de nombre", dijo el secretario. "Desde el bebé más pequeño hasta el más viejo".

Pregunté: "¿Por qué? Ya tengo nombre, 'Natividad'. Con esto basta". (Bueno, Pablo me llamaba "Martha", como apodo de cariño, pero no dije nada de esto al secretario).

"No, tienes que cambiar de nombre. Si no lo cambias, tendré que te hablaré en otra forma".

Creo que esto quería decir que iba a matarme si no obedecía. Les dimos un poco de masato y eso los puso de buen humor.

En febrero, dijeron que iba a llegar el compañero Roberto, jefe de Sendero. Ese rato Pablo me llevó a buscar yuca y frijol. "¿Si cosechamos este frijol, lo vamos a vender?", le pregunté.

"No".

"Hay que dejar este cafetal", dije. "Vamos a Mazamari. Vamos a escapar con nuestros hijos".

"¡Ay, eso no!", dijo Pablo. "Hay otros de Sendero en medio camino, bien armados. Están vigilando todo. Si nos ven, nos matan. Dios sabrá, vamos a morir en este monte".

Cuando regresé a casa, mis hijos estaban gritando y llorando. Mi casa estaba rodeada por senderistas, junto con comuneros de Gloriabamba, todos bien armados. Estaban mirando la escopeta de Pablo que habían sacado de la maleta donde la guardaba. Pensaba que iban a matar a mi hijo.

"¿Qué pasa?", les pregunté.

"Ah, Tía, buenos días".

"Buenos días".

Se me acercó el compañero Roberto. Vi una cantidad de gente armada en su alrededor. "Tía, tienes escopeta, ¿no?", me preguntó. "Quisiera que me la prestes".

En ese momento llegó mi esposo. "Tío, mejor que vayamos allá a conversar", le dijo, y tres de ellos lo llevaron. Mi hijo estaba asustado. "Mamá, ese ha tomado cartuchos", dijo. "¿Qué van a hacer?". Abrí la maleta y no quedaba nada. Habían sacado todo —cartuchos, municiones, pólvora—todo lo que tenía.

Roberto dijo a mi esposo: "Si no quieres luchar, mejor que entregues el arma. Si no tienes hijos para defender la revolución, debes ir conmigo. ¿Por qué te quedas en casa?".

La siguiente semana, volvieron y llevaron a mi esposo para que construya una casa arriba en el monte. Luego vino un senderista con dos comuneros para llevarme a mí y a toda la familia. "Vamos, la casa que venía construyendo tu esposo ya está lista", dijeron. "Vamos con todo. Las demás señoras ya están ahí, te están esperando".

Saqué toda la ropa de mis hijos de la casa. Escondí mis joyas y enterré mis documentos. Llevé mi Biblia y un himnario en mi idioma. Hice que el hombre cargara a mi hijito, porque no podía caminar. "Vamos a ir por las alturas", me dijo. "Si no lo hacemos, los *sinchis* nos van a matar. No quieren ver a nadie caminando por la carretera".

Ojalá que no hayan matado a mi esposo, lo dije en mi corazón. Estuvimos ahí por una semana. De allí pasamos por Alto Shankarani y bajamos a Saureni, donde Pablo vivía en una choza.

"¿Qué vamos a hacer?", dije a Pablo una noche. "Aquí en esta choza nuestros hijos van a morir. No tenemos comida, no tenemos yuca". Teníamos hambre porque no podíamos sembrar en Saureni. Para poder esconderse en el monte, los senderistas no nos permitían despejar las chacras.

"Mira, está mi hermano en Puerto Asháninka", dijo mi esposo. "Le diré al compañero Roberto que voy a ir a Puerto Asháninka a preparar terreno, a dejarlo listo para sembrar plátano para Sendero. A ver si lo engaño".

"Ya, pues, engáñalo", dije.

Esa mañana Pablo habló con Roberto. Unos días después, el presidente nos reunió a todos y dijo: "Esta familia ya va a ir a preparar terreno en Puerto Asháninka, a plantar plátano y sembrar frijoles para comer. Está bien que nos apoyen con los sembradíos". En realidad, queríamos escapar de manos de Sendero.

"No queremos creyentes acá", Sendero Luminoso nos había dicho. "Nosotros no alabamos a Dios. No hay Dios".

No permitieron ni oraciones ni alabanzas. Entonces, escondimos nuestras Biblias. Cuando no estaba Sendero Luminoso, leíamos la Biblia y cantábamos alabanzas. Todos los días orábamos. Queríamos aprender más acerca de la Palabra de Dios, por ejemplo, de Éxodo. En la noche al acostarnos, orábamos en nuestra casita después de la medianoche. Toda la familia, todos los días. Nunca les avisamos a los senderistas de lo que hacíamos.

Sendero Luminoso llevó a unos 400 comuneros de Gloriabamba. Una vez que empezamos a vivir en el monte, la gente empezó a morir. Unos se burlaban

Sendero Luminoso y los Hacedores de Paz

del Sendero y los mataron. Muchos murieron de enfermedades, resfríos o pulmonía. Morían de anemia, de cólera. Uno por uno murió.

Una señora no creyente me preguntó por qué no morían mis hijos. "¿Por qué hasta ahora no los ataca esta anemia?".

"Porque somos creyentes. ¿Usted es creyente?".

"No, nadie me ha enseñado nunca".

"Acá hay un solo Dios que nos ha creado", le dije. "Creemos que éste nos da hijos. Al nacer, hay que orar por ellos, desde el principio".

"Tienes razón", dijo. "Por eso están vivos tus hijos, sí".

Pero ella siguió siendo pagana, no creía en Dios. Todos los hijos de ella murieron, como los de las otras señoras. No quedó ni uno de sus hijos.

Al final, ella murió también.

* * *

Nos quedamos en Puerto Asháninka dos meses. En abril, el Ejército formó una ronda campesina con la gente de Puerto Ocopa y nos han rodeado. No sabían los senderistas que los soldados estaban allá en el monte para capturarnos. A nuestra banda nos mandaron para deshierbar un arrozal arriba. Estábamos descansando en medio camino, mientras mis hijos buscaban caracoles en el monte. "Vengan acá," les dije. "Vamos a orar. Cuando vengan esos soldados, ojalá que no nos maten, pues. Oremos".

Alguien murmuró: "¿Qué cosa estás diciendo?".

"Estoy pidiendo en oración a Dios para que nos saque".

"Ah, eso es bueno".

No había pasado ni media hora, cuando salió una compañera al camino a gritar: "¡Vienen soldados, vienen soldados!".

"¡Cállate!", alguien respondió. "¡Cállate, siéntate! Si vinieran ahora los soldados, matarían a todos con ráfagas de ametralladora. Van a matar a sus esposos".

Los soldados nos encontraron. Había un capitán con ellos. "¿Esta es toda la gente?", preguntó. "A ver, ¿dónde están los otros?".

"No, es todo, oficial," dije. Yo era la única que entendía bien el castellano, entonces defendí a las demás señoras.

"¿Y sus esposos?".

"Sendero los ha llevado para arriba. Un hombre les ordenó remontar el río Ene para hablar con un joven que quería unirse a la guerrilla. No sé muy bien al respecto".

"¿Es cierto?".

"Es cierto".

"Había otra señora en esta banda", dijo el capitán. ¿Qué es de ella?".

"Anteayer murió".

"¿Me está mintiendo?".

"No, oficial, no miento", dije. "Si quiere verla, allí está el cementerio".

"¿Qué cosa tenía? ¿La mataron?".

"No, no la mataron, sino era cólera. Se puso negra, con la boca toda morada. Estaba con diarrea".

"Ah, sí, eso es cólera", dijo él. "¿Tu comuna, dónde está?".

"Mi comuna es Alto Gloriabamba. Sendero Luminoso me trajo aquí".

"Te engañaron, ¿no?"

"Sí, estuvimos engañados. No sabíamos nada sobre Sendero. Nadie nos avisó".

"¿Estos son sus hijos?".

"Sí, ellos son, todos".

"¿Nadie se los ha robado?".

"Nadie. Pero sí han robado a los hijos de otras mujeres.

"Está bien. Vámonos, vámonos".

Los soldados derribaron las casas, calaminas y todo. Al día siguiente, salimos a las 6:00 de la mañana para Puerto Ocopa. Los soldados habían dejado dos botes grandes por la boca del río Tambo para recoger a los niños. Para caminar rápido, metimos en los botes a todos los niños y niñas y las cosas que llevamos en las mochilas. Caminamos intercalados, tres señoras con dos soldados que nos cuidaban. Escuchamos tiroteos y pensamos que el capitán y los niños habían sido asesinados. Una mujer asháninka me dijo: "¡Vamos a escapar! ¡Vamos a salvarnos!".

"¿Para qué voy a escapar?", dije. "Quiero que me rescaten. Quiero salvar a mis hijos. Estaremos tranquilos con los soldados. Ahí tengo a mi tío, el hermano de mi madre".

Llegamos esa tarde a Puerto Ocopa. Mis niños no habían visto a su papá, entonces lloraban. "¿Qué pasó con papá?", lloraban. "¿Cuándo va a venir papá?".

"No sé", les dije. "Tenemos que pedir a Dios en oración por su papá, para que se aleje de Sendero. Vamos a orar".

Mientras oraba en voz alta, Natividad dijo en su corazón: "Oh, Señor, ¿recuerdas ese tiroteo que escuchamos al escapar de Puerto Asháninka? Por favor, Señor, que no le haya alcanzado a Pablo".

* * *

Aquel día de abril, Pablo Cecilio se encontraba lejos de la línea de fuego. Había marchado una buena distancia río arriba con los otros hombres asháninkas y sus captores de Sendero Luminoso. Pasaron varios días antes de que les llegara la noticia de que el Ejército había capturado a sus esposas e hijos en el campamento senderista de

Puerto Asháninka. Es más, escucharon una versión proveniente de Sendero bastante inquietante con respecto a los hechos.

"Mataron a sus señoras", dijeron. "Los soldados las engañaron. Mataron a las señoras y a todos sus hijos".

Pablo Cecilio no podía aceptar una noticia tan horrible. Llevó aparte al mensajero y le interrogó de nuevo sobre el destino de su familia.

"Yo estaba en el río cuando sucedió", dijo el senderista. "Los soldados llevaron a las mujeres una a una y mataron a toditas. Después botaron sus cuerpos al río".

Pablo y sus compañeros asháninkas tenían poco tiempo para llorar a sus familias. "¡Vámonos por Alto Beni!", dijeron los senderistas. Estaban ansiosos de alejarse de la Selva Central. "Nos dirigimos hacia Ayacucho. "¡Vamos!".

El grupo emprendió el camino. Durante semanas, recorrieron el río Ene rumbo al departamento de Ayacucho, donde ese río se encuentra con el Apurimac que baja desde la cordillera. Día tras día, Pablo contempló larga y profundamente la posibilidad de que su familia ya no existía.

"¿Cómo van morir mi señora y mis hijos?", se preguntaba. "¿Cómo? Si están en manos de los soldados que los han rescatado, ¿cómo van a morir?".

Concluyó que, hasta saber por sí mismo lo que había sucedido a Natividad y a sus hijos, no podía aceptar la versión de Sendero sobre los acontecimientos en Puerto Asháninka. Comenzó a planear su fuga.

El primer paso en la estrategia fue un cambio total en su personalidad. El pastor dinámico se transformó en pasivo peón, callado y sumiso. Dejó de intercambiar opiniones con sus captores de Sendero. Aceptó sus órdenes sin decir nada. Los senderistas estaban satisfechos de que la mentira de la masacre haya logrado destrozar la moral de Pablo Cecilio y de sus compañeros asháninka. En el caso de Pablo, la mentira no destrozó nada. Más bien, reforzó la determinación de alejarse de una vez de Sendero Luminoso.

"Les voy a sorprender escapando", se decía en su corazón. "Tengo que ver a mi esposa, a mis niños. Ojalá que cuando los soldados fueron para llevarlas, mi señora haya logrado escapar del río con mis hijos".

El grupo casi había salido de la selva y se acercaba a Ayacucho cuando llegó la oportunidad para Pablo. "¿Quién va a ir a pescar?", preguntaron los senderistas. "Cecilio, ¿no quieres?". Los terroristas respetaban mucho la habilidad del pastor para sacar peces del río. Comían bien las tardes en que Cecilio iba a pescar.

Pablo se encogió de hombros. "Ya estoy acostumbrado, pues".

"Anda a pescar para nosotros. Trae bastante pescado".

Los senderistas confiaban en que Pablo no escaparía. En las semanas de caminata río arriba, habían llegado tan lejos de su territorio familiar que Pablo no se atrevía a dejar al grupo para vagar por una selva desconocida. Pero, mientras pescaba esa tarde, Pablo encontró la única cosa que venía buscando para escapar: una balsa. Algunos asháninkas habían utilizado la balsa casera para un viaje río abajo y luego, como era de costumbre, la arrojaron a la orilla del río. El viaje había sido reciente. La balsa no se había podrido y se veía apta para otro crucero río abajo. Pablo se aseguró de que nadie más lo viera atando la balsa a un árbol y cubriéndola con maleza.

El siguiente paso de su plan se produjo esa misma noche mientras sus captores digerían su abundante comida de pescado. Pablo empacó un cambio de ropa, una cuerda, cuchillo, fósforos y otros pocos artículos esenciales para el viaje, en una pequeña mochila que escondió en la maleza entre el campamento y la balsa oculta.

El tercer y último paso fue el más peligroso. Se presentó la tarde siguiente, cuando los senderistas repartieron jabón y mandaron a bañarse a los prisioneros asháninkas. Pablo tomó su tiempo preparándose para el baño. De hecho, después de que sus compañeros se desnudaron y se sumergieron en el agua, se dieron cuenta de que Pablo todavía estaba completamente vestido.

"Con permiso, voy a hacer mis necesidades", dijo.

Entró en la selva. Sus compañeros chapotearon y disfrutaron tranquilamente en el agua. No había necesidad de apresurarse. Estaban cerca de Ayacucho, en territorio seguro y controlado por los senderistas, por lo que podían permitirse algo de ocio. Además, un baño refrescante en el Apurímac fue uno de los pocos placeres que se les permitió en esa larga caminata. Cuando regresaron a tierra, ya caía el atardecer. Fue entonces, mientras se secaban y se vestían, que alguien preguntó: "¿Dónde está Pablo?".

Pablo se había adentrado un corto trecho en la selva, lo suficiente como para asegurarse de que no lo vieran. Entonces, echó a correr. Llegó al lugar donde estaba escondida su mochila, la recogió y siguió corriendo. Cuando estaba río abajo, se lanzó al agua. Nadó en la fuerte corriente hasta el lugar donde yacía la balsa escondida. Cortó las ataduras y empujó la balsa hacia medio río.

Eran casi las 6:00 de la tarde. Para entonces, una espesa oscuridad tropical comenzaba a envolver la selva. Cualquier perseguidor no lo detectaría fácilmente en el agua. El fugitivo se recostó en su pequeña embarcación y respiró hondo. También oró. "Por favor, Señor, no dejes que me vean".

Toda esa noche Pablo yació sobre la balsa mientras el río lo alejaba de sus captores y lo acercaba a casa. Flotó río abajo la mayor parte del día siguiente también. Para entonces, había puesto suficiente distancia entre él y la banda de senderistas que empezó a creer que su fuga tendría éxito. Fue cuando lo vieron.

La banda de senderistas que acampaba a la orilla del río vio a Pablo antes de que él los viera. Se dio cuenta de que intentar escapar hacia el monte sería una tontería. Solo despertaría las sospechas. No había nada más que hacer sino afrontar la situación con ingenio.

"Buenos días, compañero", Pablo saludó al hombre que parecía estar de mando.

"Buenos días".

Pablo llevó la balsa a la orilla y se paró frente al comandante. Se dio cuenta de que el hombre estaba bien borracho. Además, se veía aturdido porque acababa de despertar de una siesta. El fugitivo respiró más tranquilamente.

"¿Qué cosa deseas, compañero?", dijo el senderista.

"Nada, gracias, estoy bien. Es que me han mandado a patrullar y pescar".

"¿Dónde vas a pescar?".

"Allá abajo".

"¿Ya has pescado algo?".

"No, nada".

"Mira, estoy tomado", dijo el senderista, tambaleándose sobre piernas inestables. El senderista parecía ansioso de impresionar a su nuevo compañero.

Se dirigió a una mujer del grupo. "Pues, démosle yuca a nuestro amigo".

Parecía que el hombre pensaba que un regalo podría impedir que Pablo denunciara a su comandante su borrachera, vicio nada revolucionario. Las consecuencias de eso podrían ser graves. Independientemente del motivo, Pablo quedó agradecido por la yuca. Había llevado muy poca comida consigo.

Pablo metió la yuca en su mochila. "Muchísimas gracias, compañero. Voy a tener que marchar ya, porque me han dado permiso hasta mañana no más".

"¿A qué hora vas a llegar?".

"Llego mañana temprano. Ya van a llegar pronto mis compañeros al lugar de encuentro". Era mentira, por supuesto. Pablo esperaba no volver a encontrarse jamás con sus "compañeros".

Dejó a la banda de terroristas, flotó un corto tramo río abajo, y abandonó la balsa. Era posible que se encontrara con más terroristas a lo largo del río, pero poco probable que otros estuvieran tan agradablemente ebrios como ése. Se adentró entre los matorrales, evitando el camino que seguía serpentinamente la orilla del río. Se dio cuenta de su ubicación y calculó la ruta más directa a Alto Gloriabamba.

Caminó varios días, siguiendo siempre las cimas de las colinas cubiertas de exuberante vegetación. No vio a ningún otro ser humano. Una tarde subió a un árbol y divisó el ancho río Tambo a lo lejos. Sabía, por la configuración del terreno, que aún faltaban muchos días para llegar a casa.

Había comido muy poco durante la caminata, excepto frutas silvestres y hierbas comestibles que se encontró en sus andanzas. No se puede comer la yuca cruda y Pablo no podía encender fuego para cocinar la que llevaba en la mochila. Una noche logró capturar una perdiz. La preparó, y estaba comiendo la carne cruda cuando de repente recordó que había puesto fósforos en su mochila justo antes de huir. Rebuscó en la bolsa hasta que los encontró.

"Bueno, tengo fósforos", dijo sonriendo, "y tengo yuca. Al menos no voy a morir de hambre".

Pablo llegó a su casa en Alto Gloriabamba varios días después. No encontró a nadie en casa. Esperaba ver a Natividad y a los niños allí. Entonces pensó que podrían estar muertos de verdad. Se dio cuenta de que nadie había pisado la propiedad desde que la familia la había abandonado hace más de un año. Eso significaba que, si su familia aún estuviera viva, estarían en Puerto Ocopa con el Ejército. Pablo tendría que ir allí a buscarla.

Pero esto le presentaba un riesgo grave. El Ejército sabría que él había estado varios meses con Sendero. A los ojos del ellos, eso quería decir que Pablo era un senderista también. El Ejército disparaba contra senderistas al encontrarlos en la selva, sin hacer preguntas. Sí era un gran riesgo. Sin embargo, un riesgo que Pablo tendría que correr si quería volver a ver a su familia. Oró y luego partió.

Un sábado, un mes después de su fuga de Sendero Luminoso, Pablo Cecilio llegó a la cima de una colina con vista a Puerto Ocopa.

* * *

Los refugiados asháninkas en Puerto Ocopa fueron alojados en la Misión Católica. Los soldados habían convertido la antigua estructura de ladrillo y piedra en cuartel para poder defenderla más efectivamente en caso de ataque. Era el único edificio del pueblo lo suficientemente grande como para albergar a varios cientos de asháninkas, en su mayoría mujeres y niños. Además, los soldados querían mantener a los refugiados bajo un mismo techo, donde pudieran vigilarlos en caso de que se les ocurriera regresar con Sendero. A ninguno se le ocurrió hacer tal cosa.

La señora Natividad Aranibar de Cecilio recuerda muy bien aquella mañana de noviembre, cuando por fin recibió noticias de su marido. Sus grandes ojos castaños no parpadean mientras ella relata lo que sucedió.

> Era un domingo bien temprano. Mientras izábamos la bandera, el soldado que hacía guardia vino y llamó al suboficial.
>
> "Sargento, no sé quién, pero alguien ha puesto este papel allá".
>
> El Sargento miró la nota. "Hay un senderista arrepentido afuera. ¿Dónde encontraste esto?"
>
> "Allá. Un terrorista ha izado una bandera blanca".
>
> "Hay que ver. Anda, tráeme ese trapo de bandera".
>
> Mientras, nosotros estábamos izando la bandera acá adentro, desfilando. Vino el presidente de la ronda y me dijo: "Señora, ¿tu esposo sabe escribir?".
>
> "¿Por qué?".

"Acá hay una carta que dice: 'Estoy sin ropa, empapado por la lluvia. Me han engañado y manipulado los de Sendero Luminoso. He escapado de sus manos'. Por casualidad, ¿tu esposo podría haber escrito esto?".

"Sí, sí sabe. Déjeme ver su firma".

"No tiene firma, mira".

Me mostró la carta. "Es parecida a su letra", dije. "¡Oh, sí! ¡Está allá! ¡Está allá!", grité.

En ese momento, llegó la tropa. Quería ver quién era el rescatado, pero la cantidad de gente que estaba por ahí no me dejaba ver. El capitán me encontró y dijo: "Señora, ven. Vamos a ver si lo reconozcas".

En ese momento, un soldado conocido pasó por ahí.

"¿Cómo se llama el rescatado?", le pregunté.

"Ay, no sé. El sargento no me ha dado el nombre".

"Bueno, dile que te dé su nombre", respondí. "¡Vámonos!".

En ese momento pasó la tropa y Pablo se encontraba caminando en medio de ellos. "¡Hola, Martha!", me dijo.

"Hola, Pablo". Sonreímos los dos.

El capitán me dijo: "Señora, primero déjame hablar con tu esposo y más tarde vendrás a conversar. Por favor, espera lista para cuando te llame".

Lloramos los dos cuando nos encontramos de nuevo. Los hijos también se alegraron. Sí, Dios contestó con todo nuestras oraciones. Entonces todo fue alegría.

8

Verdades contundentes

En 1968, el misionero estadounidense Norman Mydske fundó Radio Pacífica en Lima. La emisora recibió su nombre del gran océano frente a la costa occidental del Perú. Sin embargo, el nombre resultó profético en el sentido del Antiguo Testamento. Radio Pacífica venía desempeñando un papel inesperado en la pacificación del Perú.

Una década después de abrir la estación, Mydske dejó el campo misionero para convertirse en director para América Latina de la Asociación Evangelística Billy Graham. Dejó Radio Pacífica en manos de Pedro Ferreira. Una década más tarde, la guerra de Sendero Luminoso alcanzaba un punto crítico de violencia cuando Ferreira percibió que la radio podría contribuir a llevar la paz a su atribulada tierra.

"De repente, teniendo la radio, se nos ocurrió que deberíamos levantar una columna de oración", recuerda Ferreira. "Con la violencia política, la economía destrozada y situaciones graves para el Perú, todos vivíamos sumamente preocupados. Entonces, el 7 de mayo de 1989, un día domingo, a las 6:00 de la mañana, comenzamos a llamar a la iglesia a prepararse en oración antes de ir a los templos".

El llamado a la oración de Radio Pacífica empezó a cobrar impulso, hasta que 50.000 peruanos hicieron una pausa intencional cada domingo por la mañana para orar por su atribulada nación. El movimiento de oración también generó vigilias cada viernes y algunas veces duraban toda la noche. Finalmente, el llamado lanzado originalmente por Radio Pacífica dio origen al Día de la Reconciliación Nacional, celebrado anualmente en el estadio de fútbol de Lima.

"Este movimiento nacional de oración nació en el corazón de Dios", recuerda Ferreira. "Aquí no hay organización, no hay dinero, no hay estrategias, solamente llamamos a la oración. Creemos que el verdadero ayuno y la oración, como dice Isaías 58, traen liberación. Caen los muros, se quitan las cadenas, viene la bendición de Dios, una bendición para quitar la maldición".

* * *

La madrugada del 10 de julio de 1993, Juan Mallea abandonó el modesto departamento que compartía con su esposa Cristina y su hijo de nueve meses, Juancito, en el suburbio limeño de Comas. Taxista de vocación, Juan no tenía la menor idea de que no regresaría a ellos esa noche.

Recogió a su primer pasajero del día, un vecino llamado Juan Jara, quien pidió que lo llevara a un complejo residencial a 10 minutos de distancia. Jara le pidió a Mallea que lo esperara mientras visitaba a un amigo. Jara no logró entrar al edificio. Hombres desconocidos abrieron la puerta y de inmediato lo agarraron. Otros extraños se acercaron al taxi en que esperaba Mallea.

"Somos investigadores de la Dirección de Inteligencia Antiterrorista", dijeron. "Queremos hacerle algunas preguntas".

Juan dijo que le encantaría responder sus preguntas, aunque no sabía nada sobre el terrorismo. Por ejemplo, no sabía que en aquel edificio se encontraban presuntos terroristas a quienes los servicios de inteligencia mantenían bajo vigilancia. Tampoco estaba consciente de que los investigadores sospechaban que Jara tenía vínculos con Sendero Luminoso.

¿Podrían registrar su taxi?, preguntaron. Por supuesto, dijo Juan, no tenía nada que ocultar. No encontraron nada adentro, excepto la Biblia de Juan. ¿Podrían los agentes registrar su casa? Por supuesto, dijo Juan, y los condujo de regreso a su modesto departamento. Allí no encontraron nada tampoco.

Sin embargo, dijeron que Juan tendría que acompañarlos a la Dirección Nacional Contra el Terrorismo, DINCOTE, para que realizaran una verificación exhaustiva de antecedentes. Podría estar allí unos tres días posiblemente. Estaría bien, dijo Juan. Quería cooperar plenamente con la investigación para que las autoridades pudieran asegurarse de que no sabía nada sobre terrorismo. Besó a Juancito y a Cristina, que estaba embarazada de cuatro meses de su segundo hijo, y se fue con los desconocidos.

Los primeros días en la celda de la DINCOTE, Juan mantuvo la tranquilidad, a pesar de tener que compartir el espacio con más de 60 hombres. La mitad de los ellos sí sabía bastante sobre terrorismo. Muchos estaban siendo interrogados y tenían marcas de palizas. Las marcas le producían un poco de angustia a Juan, tal como los insultos y maldiciones que intercambiaban los policías con los prisioneros. Aun así, Juan mantuvo la compostura, confiado en que la Policía no iba a golpearlo ni maldecirlo, ya que no sabía nada de terrorismo. También le ayudó la lectura diaria de la Biblia que llevó consigo de su casa.

La tranquilidad de Juan se hizo pedazos alrededor de las 02:00 horas del 21 de julio cuando los agentes lo sacaron de la celda, le pusieron una capucha sobre la cabeza y lo arrastraron por las escaleras pateándolo, maldiciéndolo e insultándolo en el camino. Juan se dio cuenta de que lo llevaban a interrogarlo.

"Ahora, cuéntanos sobre el mapa", dijeron una vez que llegaron a la sala. "Tú lo dibujaste, ¿no?".

Verdades contundentes

"Lo siento, no sé de qué está hablando, oficial".

Los fuertes golpes en el estómago y el torso enviaron rayos de dolor por todo su cuerpo. Un golpe le fracturó una costilla. Aun así, Juan insistió en que no sabía nada sobre un mapa.

"¿Nos estás diciendo que no tuviste nada que ver con Cieneguilla?", acusaron los interrogadores.

¿Cieneguilla? Juan recordaba haber leído sobre eso en los periódicos. Se trataba de un campo de basura en las afueras de Lima donde algunos periodistas e investigadores de derechos humanos habían desenterrado los restos de varios cuerpos humanos.

"Sabes quién mató a esa gente, ¿no?", dijo el policía. "Tal vez los mataste tú mismo".

"No señor. No sé nada".

Más golpes. Sus interrogadores le arrancaron la capucha y le tiraron un papel. Vio un mapa dibujado a mano y algo escrito.

"Mira, Mallea, ésta es tu letra, ¿no? Sólo di que lo es. Recuerda, sabemos dónde vives. No querrás que les pase nada a tu esposa y a tu bebé, ¿verdad?".

A Juan se le hizo un nudo en el estómago. Tragó con dificultad. "Señor, por favor comprenda, soy cristiano. Nunca he tenido nada que ver con terroristas ni criminales".

La respuesta enfureció a los interrogadores. Un puño se estrelló contra su mandíbula y le rompió un diente. Más golpes, más maldiciones e insultos. Lo peor de todo, más amenazas contra Cristina y Juancito. Los interrogadores trabajaron la mayor parte de la noche. Hasta el final, Juan Mallea seguía insistiendo en que no sabía nada sobre el terrorismo ni el mapa de Cieneguilla.

* * *

Los hechos que culminaron con la detención y tortura de Juan Mallea se originaron en la Universidad Nacional de Kantuta un año antes. Una tarde de julio de 1992, la

Universidad convocó a una reunión de estudiantes a insistencia de las fuerzas de seguridad. Los oficiales querían discutir temas urgentes con los universitarios, entre ellos sobre un coche bomba que había explotado en el elegante distrito de Miraflores de Lima.

La reunión, que estaba tensa al principio, degeneró en una pelea a gritos. Una estudiante, la señorita Vertila Lozano, insultó a un teniente militar de nombre Medina. Según testigos, Lozano llamó al teniente Medina "perro miserable". En ese momento, intervino un docente, un tal profesor Muñoz, que llamó a la calma. Los agentes de seguridad se retiraron de la reunión. Al salir, el teniente Medina amenazó a la señorita Lozano, según testigos.

"Volveremos por usted", le dijo Medina.

Esa misma noche, hombres encapuchados y fuertemente armados irrumpieron en la Universidad Nacional de Kantuta. Entraron en un dormitorio y secuestraron a nueve estudiantes de sus habitaciones. Vertila Lozano fue una de ellos. Nunca más la volvieron a ver con vida. El profesor Muñoz también desapareció del campus esa noche.

Nadie supo el destino de los desaparecidos hasta mediados de 1993, cuando un rudo mapa del basurero de Cieneguilla cayó en manos de un periodista limeño. El mapa llevó a investigadores a un lugar del basurero donde desterraron restos humanos carbonizados. Los expertos forenses los identificaron como los de nueve estudiantes y un profesor de la Universidad Nacional de Kantuta.

El descubrimiento, debidamente informado por la prensa peruana, avergonzó a las fuerzas de seguridad. Un público indignado acusó a la Policía antiterrorista de haber cometido ellos mismos un acto terrorista. La protesta también avergonzó al Gobierno peruano. Los políticos enfrentaron duras críticas por tolerar cualquier crimen cometido contra civiles mientras castigaban severamente a los que cometían crímenes contra el Estado.

La protesta alcanzó una crisis aguda cuando fuentes dentro de las Fuerzas Armadas revelaron la existencia de un "equipo de aniquilación" antiterrorista, conocido como el Grupo Colina, que habría perpetrado los asesinatos de Kantuta. Las autoridades se dieron cuenta de que debían actuar decisiva y rápidamente. Así, el 22 de julio de 1993, Juan Mallea apareció en una conferencia de prensa televisiva transmitida a nivel nacional. Llevaba el uniforme rayado de terrorista convicto, las marcas de golpizas y el rostro de un hombre profundamente confundido. Lo peor de todo era que estaba acusado de homicidio y traición a la patria.

Juan Mallea, declararon los investigadores de las fuerzas de seguridad, había dibujado ese mapa del basurero de Cieneguilla donde él y sus cómplices de Sendero Luminoso habían quemado y enterrado los cuerpos de los estudiantes de la Universidad de Kantuta, después de haberlos asesinado brutalmente.

* * *

María Cristina Mallea se enteró por primera vez de que su marido estaba acusado de terrorismo cuando lo vio en la televisión con el uniforme rayado de prisionero. Tras absorber la angustia inicial, Cristina empezó a reflexionar sobre qué hacer para ayudar a su esposo. No estaba en condiciones de contratar a un abogado. De todos modos, no serviría de mucho contratar a uno. Las estrictas leyes antiterroristas que habían entrado en vigor en Perú, justo antes del arresto de Juan, negaban a las personas acusadas de terrorismo el derecho a un abogado defensor privado.

Entonces Cristina llamó a Walter Agurto, pastor de la Iglesia Alianza Cristiana y Misionera en Comas a la que ella y Juan asistían. Fue el mejor acto que pudo haber realizado. Agurto inmediatamente redactó una carta al Consejo Nacional de Evangélicos del Perú, CONEP, solicitando su ayuda para defender a Juan. El CONEP pasó la carta a Rolando Pérez, director del Departamento de Derechos Humanos. Oficialmente, ese departamento de CONEP se conocía ahora como la Dirección de Acción y Avance Social Paz y Esperanza.

Después de charlar con el personal de DD.HH. sobre qué posibilidades existían para ayudar a Mallea, Pérez se comunicó con Pedro Arana. Arana se puso en contacto con José Regalado, quien accedió a entrevistar a Juan Mallea en la cárcel.

> Tomé contacto directamente con Juan en un calabozo subterráneo. Metí una grabadora pequeñita que pasó el control y logré grabar el testimonio. Juan estaba un poco nervioso. En realidad, como abogado tenía que ser duro con las preguntas y las posibles acusaciones que podría enfrentar.
>
> Le hice ver que, aunque era inocente y no estaba mintiendo, este iba a ser un caso sumamente difícil, complejo. Como iglesia, no podíamos estar jugando. Este caso era muy delicado. Incluso, lo hice llorar un poco, porque pensaba que dudábamos de su inocencia. Hasta ese momento, todo lo que teníamos eran rumores. Pero cuando pude entrevistarlo, me di cuenta de que estaba ante una persona inocente.
>
> El caso estuvo lleno de tensiones, de manipulación política desde el propio Presidente de la República hasta los agentes de la policía que investigaban estos hechos. Algunos militares dijeron a la prensa que efectivamente miembros del Grupo Colina habían sido los responsables y describieron cómo lo hicieron. Entonces, para contrarrestar esto, el Gobierno aprovechó la captura de Juan Mallea. Pusieron en sus manos un supuesto croquis elaborado por él para incriminar a Sendero Luminoso. No les importaba quién fuera utilizado para ese fin. Pensaban que Juan era un desconocido y que, al acusarlo, nadie iba a reclamar por él.

Verdades contundentes

> En ese primer contacto con Juan, hubo gente extraña que se acercó a amenazarme. "Juan es terrorista, con seguridad", decían. "Si te metes, algo va a pasar con tu familia". Luego, me llamaban por teléfono, pedían que salga del proceso. "Tu vida puede peligrar, al igual que la de tu familia. Conocemos todo de ustedes".
>
> Con mi esposa Ruth teníamos un temor por esta situación, así que la sometimos a oración. Decidimos que lo más correcto que podíamos hacer era seguir adelante.

Regalado, Pérez y el resto del personal de Paz y Esperanza conocían bien la presión, ya que la habían enfrentado varias veces en su trabajo de defensa de personas inocentes acusadas de crímenes contra el Estado. Habían aprendido que la mejor manera de tratar la presión era aplicar su propia presión.

Pérez, periodista de vocación, alertó a las iglesias evangélicas en todo el territorio nacional de la situación de Juan Mallea. Les pidió que difundieran la publicidad del caso en sus comunidades y que organizaran cadenas de oración en su favor. Pérez también alertó a una red de organizaciones de Derechos Humanos en el exterior, como Solidaridad Cristiana Internacional, Tearfund y Puertas Abiertas, y pidió su ayuda. En cuestión de días, los políticos peruanos comenzaron a recibir cartas de Suiza, Inglaterra, Canadá, Estados Unidos y otros países, pidiendo garantías para que Juan Mallea recibiera un juicio justo e imparcial.

La presión produjo resultados concretos. A corto plazo, la publicidad y las cartas convencieron a los políticos peruanos de que Juan Mallea no era un don nadie, sino alguien que le importaba a la gente. Por ende, no podrían manipularlo fácilmente. A largo plazo, la presión garantizó que Juan tuviera un juicio imparcial. Para eso, muchas personas invirtieron mucho trabajo, preocupación y oración — especialmente oración — en resolver el caso de Juan Mallea.

* * *

Nadie invirtió más en el caso de Juan que la señora Cristina de Mallea. "Normalmente mi esposa es una persona bastante tranquila", dijo Juan a un periodista años después. "Pero cuando me metieron a la prisión, ella luchó como una leona por mi libertad".

Maestra de escuela por vocación, Cristina dedicaba todo su tiempo libre a la defensa de su marido. El trabajo implicaba recolectar documentos, reunirse con funcionarios, pagar honorarios, hacer llamadas telefónicas, visitar a Juan en la cárcel, reunirse con más funcionarios y pagar más honorarios. Familiares y amigos le insistieron que se relajara, porque el horario frenético que mantenía podría provocar un aborto espontáneo.

"No se preocupen", respondió. "No tengo ninguna duda de que este bebé nacerá sano. Hermanos de todo el mundo nos escriben cartas diciendo que están orando por Juan, por mí y por el pequeño".

Juan sufría por las dificultades que su situación generaba en Cristina, hasta el punto de que no le contaba del hambre persistente que padecía tras las rejas. Los carceleros sólo proporcionaban a los reclusos dos comidas al día, un desayuno a base de pan y té, y un almuerzo de sopa. Las familias de los prisioneros les llevaban comida casera para complementar su escasa dieta. Juan no quiso cargar a Cristina con una dificultad más, entonces no le mencionó esto.

Sin embargo, en una visita a Juan varias semanas después de su arresto, Cristina notó que otros visitantes llevaban comida a sus familiares detenidos por la DINCOTE. Cuando preguntó a Juan por qué, su marido admitió el motivo. A partir de ese momento, Cristina se ocupaba de que Juan comiera bien todos los días.

Verdades contundentes

La mayor dificultad de Cristina tenía que ver con el dinero. La detención de Juan la obligaba a gastar una buena parte del dinero de la familia en documentos y honorarios. Como Juan ya no ganaba de su trabajo de taxista, Cristina tenía mucho menos ingresos de lo habitual.

Un día, a los cuatro meses después del arresto de Juan, y tres días antes de que Cristina cobrara su sueldo, un ladrón le robó su cartera en el ascensor del juzgado. Cristina perdió sus últimos 20 soles. La pérdida la devastó. Sabía que los padres de Juan con gusto los alimentarían a ella y a Juancito, pero le daba vergüenza pedirles ayuda.

Esa tarde, una mujer joven de la Sociedad Bíblica Unida pasó por el modesto departamento y dejó un sobre grueso. Una Cristina cansada lo metió directamente en su bolsillo, pensando que contenía más cartas del extranjero que podría leer más tarde.

"Perdóneme, señora. Mallea", dijo la joven, "creo que querrá mirar lo que contiene ese sobre de inmediato". Cristina metió la mano y sacó un fajo de dólares estadounidenses. Se sorprendió, no solo por la generosa ofrenda, sino también por su llegada en el momento de mayor necesidad. "Fue como si Dios mismo lo hubiera enviado", dijo a su marido durante una posterior visita a la cárcel. "No me quedaba ni un centavo en la casa".

Cuando las autoridades trasladaron a Juan a la prisión de máxima seguridad Castro Castro, las visitas de Cristina disminuyeron dramáticamente. Las autoridades le daban solamente una visita de 30 minutos por mes, como estipulaban las leyes antiterroristas de Perú. Los reclusos de Castro Castro tampoco podían recibir llamadas telefónicas, por lo cual sus visitas personales eran la única comunicación entre la pareja.

Pese a su embarazo, Cristina no faltó a ni una visita, hasta diciembre. Ese mes, el padre de Juan se presentó el día citado para decirle que Cristina no iría porque, horas antes, su médico la había internado al hospital por una inesperada complicación en el embarazo. Eso era todo lo que el padre de Juan sabía en ese momento.

Durante 12 días, Juan se preocupó por el destino de su esposa y su hijo por nacer. Se habría preocupado por 30 días enteros, pero Castro Castro concedió a los reclusos un día de visitas extra en diciembre en honor de la Navidad. Aquel día, Cristina apareció para la visita sosteniendo en sus brazos a su hijo recién nacido, Caleb.

El nuevo padre los miró incrédulo, deseando tenerlos a ambos en sus brazos. Pero la ley antiterrorista dictaba que las visitas en la cárcel se realizaran a través de una gruesa pantalla de vidrio. Sin embargo, ese día se infringió la ley antiterrorista cuando Juan escuchó la áspera voz del Oficial de Guardia.

"Dejen pasar a esta mujer con su hijo", dijo. Juan pensaba que sus oídos lo habían engañado, hasta que aparecieron ante él su esposa e hijo. Durante unos preciosos minutos, Juan, Cristina y el pequeño Caleb gozaron de un memorable abrazo. Fue, por supuesto, la primera vez que Juan sostenía a Caleb en sus brazos. Además, fue la primera vez, desde aquel día que hombres desconocidos sacaron a Juan de su modesto departamento en Comas, que él tenía a Cristina en sus brazos.

La áspera voz pertenecía a un tal teniente Eguiluz, oficial de guardia, quien se había interesado por Juan Mallea y su caso.

El teniente Eguiluz me ayudó, con gran riesgo para sí mismo. A pesar de que fue prohibido, me traía material de artesanía para que elaborara canastas, muñecas y alfombras.

El trabajo era terapéutico. En Castro Castro, nos permitían solo media hora de recreo por día. Las demás 23 horas y media, las pasábamos encerrados. Lo peor de estar en la cárcel es no hacer nada todo el día.

Tuve mucho tiempo para reflexionar bastante sobre las cosas, ya no preocupándome tanto por mí mismo, sino por aquellas personas que habían sido traídas de lugares lejanos, de la sierra y otras partes del interior. En comparación a la mía, estaban en una situación mucho más difícil.

Empecé a compartir la Palabra de Dios, y al instante surgieron muchas preguntas. Muchas personas anhelaban compartir la Palabra. Pude identificar a un hermano aquí y después a otro allá, entonces pudimos organizar una hora bíblica. Salíamos a la puerta de las celdas y de ahí gritábamos, '¡Ahora empieza la hora bíblica! Empezamos a leer la Biblia en voz alta, para que los demás escuchen. Empezamos con un pequeño grupo de tres o cuatro personas. Más tarde, alrededor del 30 por ciento del piso participó todos los días.

* * *

José Regalado sabía que, para sacar a Juan Mallea de la cárcel, precisaba lograr éxito de enormes proporciones en dos diligencias legales.

La primera fue refutar la afirmación de la Policía de que Juan había dibujado el mapa del basurero de Cieneguilla, que usaba para incriminarlo. Los agentes de seguridad habían presentado el informe de un experto de escritura manual que afirmaba que el mapa tenía una letra idéntica a la de Juan Mallea. José recopiló silenciosamente el testimonio de otros tres expertos, que trabajaban de forma independiente, uno del otro, que afirmaban que la escritura del mapa de Cieneguilla no se parecía en nada a la de Juan Mallea. Cuando José presentó las conclusiones al juez, este falló que la evidencia policial era incorrecta. La primera diligencia fue cumplida.

El éxito no llegó sin su precio. Las donaciones provenientes de hermanos cristianos permitían a Paz y Esperanza aportar a José un pequeño honorario por defender a Juan, pero el monto era una fracción de lo que normalmente ganaba. Como se vio obligado a reducir las horas que trabajaba por una remuneración justa, José perdió cada vez más dinero. Sin embargo, la defensa de Juan Mallea costó más que solo ingresos económicos.

"Se descubrió un documento confidencial en el cual el Ministerio del Interior me acusaba como 'abogado terrorista'", Regalado reveló a un periodista. "El documento tenía carácter confidencial, posiblemente se derivaba del Servicio de Inteligencia. Mencionaba mi nombre como uno de los que defendían a Sendero Luminoso. Eso significaba que me habían puesto bajo vigilancia. Podía ser detenido en cualquier momento y acusado de ser parte del aparato jurídico de Sendero Luminoso".

Una vez más, José enfrentó la presión con su propia presión. Informó al Colegio de Abogados de Lima sobre el informe confidencial. El Colegio de Abogados apeló ante la Corte Interamericana. Pronto, la Corte Suprema del Perú tuvo conocimiento de que el Servicio de Inteligencia había puesto a José Regalado bajo vigilancia. El juez que conoció el caso dictó una orden de alejamiento, garantizando la seguridad personal de José Regalado. La vigilancia cesó.

La segunda tarea que tenía como abogado defensor requería de una perseverancia asombrosa. Sin embargo, fracasar en ello sellaría la condena de Juan Mallea. José tuvo que convencer al Tribunal de retirar el cargo de traición. Según las estrictas leyes antiterroristas del Perú, los casos de traición se juzgaban ante un tribunal militar de jueces "sin rostro". Estos magistrados llevaban capuchas para ocultar su identidad, así se convertían en jueces anónimos. Tenían el poder de condenar a los acusados con un mínimo de pruebas y sentenciarlos a largos años de prisión. La traición conllevaba una pena mínima de 20 años. La máxima era cadena perpetua. Los fallos de tribunales militares no podían ser anulados por los tribunales civiles. Si Juan se enfrentara a un panel de jueces sin rostro, probablemente jamás volvería a abrazar a Cristina, a Juancito o al pequeño Caleb.

Verdades contundentes

Los fiscales argumentaban que Juan Mallea era un terrorista de Sendero Luminoso y que debería ser juzgado como tal. El abogado defensor, Regalado, argumentó que el Estado no había presentado pruebas convincentes que vincularan a Juan con Sendero. De hecho, la única prueba material era el mapa de Cieneguilla, que resultó ser una falsificación. Por lo tanto, José argumentó que un tribunal civil tenía jurisdicción sobre Juan Mallea, así que no le correspondía ser juzgado por la ley militar.

Luego de largos meses de audiencias y debates, el caso llegó a la Corte Suprema del Perú. Los magistrados dispusieron que, por falta de pruebas contundentes, se desestimara el cargo de traición contra Juan Mallea. Era libre de irse.

El 27 de abril de 1994, casi 10 meses después de su arresto, Juan salió de la prisión de Castro Castro. Después de una emotiva reunión, Paz y Esperanza hizo arreglos para que la familia pasara varias semanas en Chile para recuperarse de su dura experiencia y estar fuera de peligro de represalias. A su regreso al Perú, Juan retomó la vida que había llevado antes de su encarcelamiento. Al menos parecía haber retornado a su vida anterior. Pero, interiormente, era otro hombre.

"Dios me ha enseñado muchas lecciones objetivas para mi vida", dijo luego Juan a un amigo. "Encontré que son dos cosas que predominan en el penal: tuberculosis y locura. He podido experimentar cosas contundentes y creo que ahora Dios demanda más de mí".

* * *

La comunidad cristiana en Perú, así como muchos cristianos en otros países, celebraron la absolución de Juan Mallea. Una vez establecida su inocencia, avanzó la justicia en el caso Kantuta. Los verdaderos asesinos fueron detenidos, juzgados y condenados.

Sendero Luminoso y los Hacedores de Paz

Éste fue sólo uno de los resultados del caso Mallea. La publicidad que generó llamó la atención sobre la difícil situación de cientos de peruanos inocentes que estaban tras las rejas, acusados falsamente de estar involucrados con Sendero Luminoso. La mayoría de ellos eran unos "don nadie", cuyo único delito era estar en el lugar equivocado en el peor momento, como Juan Mallea. Además, las estadísticas recopiladas por el personal de Paz y Esperanza mostraban que, de los prisioneros inocentes, aproximadamente 150 eran cristianos evangélicos como Juan Mallea.

Alfonso Wieland, sociólogo de vocación, reemplazó a Rolando Pérez como director de Paz y Esperanza en enero de 1994. Wieland se dedicó a analizar la información que Paz y Esperanza había recopilado sobre los encarcelados. Algunos tenían apenas 16 años, otros eran abuelos. Muchos eran campesinos analfabetos de las montañas, que no entendían nada de su presunto crimen. Amas de casa, mecánicos automotrices, agricultores, profesores y estudiantes figuraban entre los presos. Wieland descubrió que ninguno merecía pasar 20 años o cadena perpetua tras las rejas.

Entonces, ¿por qué estaban allí? La mayoría fue encarcelada bajo las estrictas leyes antiterroristas de Perú, decretadas por el presidente Alberto Fujimori en 1992. Muchos de los casos tenían que ver con la cuestión de "terroristas arrepentidos". Esta controvertida cláusula de la ley reducía la pena de prisión para senderistas que entregaban los nombres de sus cómplices. Además, las nuevas leyes dotaron de poderes extraordinarios a los agentes de seguridad. La Policía podría detener a un sospechoso hasta 30 días, negándole visitas de familiares y abogados, sin siquiera informarle del motivo de su arresto.

Abundaban incentivos para arrestar a los terroristas acusados. Ambiciosos agentes de policía podrían ganar un ascenso rápido en las filas atrapando a sospechosos. Policías corruptos podrían exigir a los sospechosos que arrestaban el pago de una "cuota de investigación". Los precios oscilaban entre 500 y 2000 dólares, dependiendo de la gravedad del presunto delito. La Policía habitualmente retiraba los cargos contra los presos que pagaban la cuota. Los prisioneros que no querían o no podían pagar estaban condenados.

Las nuevas leyes carecían de mecanismos para disciplinar a policías corruptos. Al contrario, otorgaban a los agentes de seguridad una casi impregnable inmunidad al castigo. Los agentes que falsificaron pruebas para inculpar a Juan Mallea, por ejemplo, recibieron sólo una débil citación que los reprendía por "errores judiciales" cometidos durante su investigación de los asesinatos de la Kantuta.

La guerra de Sendero Luminoso había producido otra tragedia espantosa para el Perú. El terrorismo y las duras leyes que buscaban detenerlo se combinaron para poner tras las rejas por 20 años y hasta de por vida a cientos de adolescentes, abuelos, amas de casa, mecánicos, agricultores, profesores y estudiantes inocentes.

Una vez y en pocas palabras, Alfonso Wieland explicó a la prensa cómo había sucedido esta tragedia. "Como dice el refrán: Los justos pagan el precio por el pecado de los injustos ".

* * *

Hasta el 20 de noviembre de 1992, la señora Antonia Jaimes trabajó como comerciante de pescado en el Mercado Israelitas de Lima. Antonia, mujer diminuta, con una sonrisa tímida y cabello negro brillante recogido en un moño apretado, se sentó en las oficinas de Paz y Esperanza y recordó la noche en la que ella y su esposo fueron acusados de construir un coche bomba para Sendero.

Yo estaba en mi casa a las 12:00 de la noche cuando tocaron a la puerta. Contesté y dijeron que eran policías. Querían que abriera la puerta grande de la calle.

"Esta puerta no se abre, está sellada", dije. "Les voy a abrir la otra puerta".

Ingresaron muchos guardias con armas. Me dijeron: "¿Cómo te llamas?".

"Antonia Alfaro de Jaimes".

"¿Tus papeles?".

Les entregué y me preguntaron: "¿Con quién vives?".

"Con mi esposo y mis cuatro hijos".

"¿Con nadie más vives?".

"Con nadie más. ¿Quién más podría vivir en esta casa?".

También a mi esposo le pidieron sus documentos. Luego dijeron: "De esta casa salió un coche bomba".

Dije: "¿Qué es un coche bomba?".

Respondieron: "No te hagas torpe. Prende la luz".

"No tengo luz, señor. Si usted gusta, prendo la vela.

Prendí la vela y comenzaron a buscar en toda la casa. Cuando terminaron, a mi esposo le dijeron: "Firma aquí".

A pesar de que no habían encontrado nada, nos dijeron: "Van a acompañarnos".

Les dije: "Ya, señor, no tengo miedo. Voy a ir a aclararlo".

Cuando iba saliendo, el capitán me dijo: "Esta casa se cierra por toda tu vida. Te van a dar cadena perpetua".

"Señor, pero no tengo nada que ver. ¿Me van a dar cadena perpetua sin pruebas?".

"Busca a alguien para cuidar a tus hijos", dijo.

Aquella vez, mi hijita menor tenía dos años y medio. La dejé llorando.

9

Retorno a Huamanga

Ayacucho, septiembre de 1992

Pasaron casi tres años antes de que Rómulo Sauñe pudiera visitar la tumba de su abuelo en Chakiqpampa. El peligro fue sólo una de las razones. Con la publicación de la *Biblia de Ayacucho*, Rómulo ganó notoriedad internacional. Invitaciones para dar discursos llegaron de lugares tan diversos como México, Alaska e Israel. Rómulo sirvió como traductor para la cruzada evangelística de Billy Graham en Buenos Aires. La Cruzada Estudiantil para Cristo lo reclutó para grabar la voz de Cristo para la banda sonora de la versión en quechua de la conocida película *Jesús*. La Fraternidad Evangélica Mundial convocó a Rómulo a Manila, Filipinas, para otorgarle el Premio a la Libertad Religiosa por sus "esfuerzos incesantes y valientes para proclamar y mantener un testimonio de Jesucristo en medio de dura represión y terrorismo".

En 1992, los Sauñe se establecieron en un hogar temporal en Atlanta, Georgia, EE.UU., cerca de los padres de Donna. Habían programado un año sabático para descansar y reunirse con la familia de Donna, que había regresado a su país natal después del servicio misionero en Nueva Guinea. Sin embargo, como suele suceder con las familias misioneras, las cosas no sucedieron según lo planeado. En agosto, Rómulo hizo un viaje a Quito, Ecuador, para la Conferencia Latinoamericana de Evangelización (CLADE). Decidió aprovechar la oportunidad para seguir hacia Perú y presentarse por fin en Chakiqpampa.

La primera semana de septiembre, Rómulo llegó al pueblo con sus padres, su hermano Rubén, su tío Arcángel Quicaña, su sobrino de 21 años Marco Antonio, su primo Josué Quicaña, y dos ahijados, Alfredo y Margarita Fajardo. Se precisaban muchas manos para preparar la *pachamanca*, fiesta tradicional incaica que la familia de Justiniano Quicaña presentó al pueblo como tributo al fallecido evangelista. Josué Sauñe también tenía previsto acompañar a su hermano a la conmemoración en Chakiqpampa. Pero Rómulo llamó a Josué en la víspera de su partida de Arizona y le dijo que sería mejor quedarse en casa.

Esa inesperada llamada telefónica resultó ser sólo el primero de varios incidentes extraños que ocurrieron durante la visita. De sus viajes internacionales, Rómulo había llevado regalos especiales para la ocasión, incluyendo un ramo de flores de seda para la tumba de Justiniano. Pero, para su consternación, los regalos desaparecieron al llegar a Chakiqpampa. Los Sauñe fueron de puerta en puerta, entregando a cada familia del pueblo una invitación personal a venir a la pachamanca. Sin embargo, pocos de sus vecinos optaron por participar de la fiesta. Su obvio menosprecio por la familia deprimió a Rómulo. "Quería que todos vinieran, ya que es el último día que voy a estar acá", comentó a su padre. Enrique recordaría esas palabras como presagio.

Esa noche, Rómulo y Rubén durmieron a ratos en el desván de la casa de adobe de un vecino. Sus gritos ahogados despertaron a Enrique, que dormía abajo. A la mañana siguiente, les preguntó a sus hijos sobre sus pesadillas, pero estos se negaron a revelar el tema de los sueños. No querían agitar a su madre Zoila, quien estaba bien nerviosa por todo este proyecto en Chakiqpampa. Una pesada tristeza se cernía sobre la familia mientras caminaban las dos horas de vuelta hasta la carretera.

Teófila Quicaña los acompañó hasta Paccha. Mientras ella miraba al grupo alejarse en el jeep de Arcángel, oyó a una mujer murmurar: "Ay, pobrecitos. ¿Quiénes morirán hoy en ese carro blanco?". Teófila recordaría esas palabras como presagio.

Sendero Luminoso, que contaba con "mil ojos y mil oídos", tenía a la familia Quicaña Sauñe bajo vigilancia ese día. Los senderistas sabían a qué hora los Quicaña Sauñe se detuvieron para almorzar en un restaurante al borde de la carretera, y en qué momento salieron del restaurante para continuar su viaje. Sendero sabía cuándo llegaría el jeep blanco a la emboscada que había preparado para ello. Incluso sabían cuáles de ellos morirían ese día.

Sendero tendió la emboscada en una curva ciega sobre la carretera a Ayacucho. Era un lugar bien escondido que los terroristas habían utilizado antes para asaltar a los viajeros. Los Sauñe no vieron la tranca en la carretera, ni a los 500 terroristas desplegados en la ladera de la montaña, hasta que cayeron en la trampa. Los senderistas ya habían detenido una decena de vehículos más y estaban sustrayendo dinero, comida y objetos de valor a los pasajeros. Enrique miraba a los terroristas mientras se preparaban para prender fuego a un autobús, acto simbólico que demostraba su desprecio por el Estado. El conductor discutió con los terroristas, intentando salvar su vehículo. Perdió la discusión. Enrique vio el destello de un machete y la cabeza del hombre caer de sus hombros.

Un terrorista apuntó con su arma a Arcángel. "Lleva este automóvil al otro lado de la carretera", ordenó. "Todos ustedes salgan y formen una fila contra aquel terraplén".

Los cinco hombres de la familia Quicaña Sauñe se alinearon, uno al lado del otro. Los senderistas revisaron sus documentos de identificación. "Tú, sal de la fila", dijo un terrorista a Enrique. Estaba con órdenes de cumplir la política de Sendero de no asesinar a ancianos.

Sendero Luminoso y los Hacedores de Paz

Enrique Sauñe no se movió. Tenía la intención de morir con sus hijos. Los terroristas lo sacaron de la fila. Enrique regresó a su lugar.

"¡Dije que se quitara!", gritó el senderista, empujando a Enrique a un lado. Regresó a su lugar. El terrorista se encogió de hombros y amartilló su arma. En ese instante comenzó el tiroteo. Zoila agarró a Enrique del brazo y lo alejó de la lluvia de balas.

Rubén fue el primero en caer, luego Josué, luego Arcángel y Marco Antonio. Rómulo, al final de la fila, miró con cariño a sus padres mientras las balas le atravesaron el pecho. Respiró hondo por última vez y cayó muerto.

"Señor, tenga misericordia", dijo Zoila. Permaneció con Enrique en silencio mientras los senderistas quitaban los zapatos, la ropa y los objetos de valor de los cuerpos de sus hijos. Los Sauñe no lloraron a sus seres queridos en ese momento. El shock fue sólo una parte de la razón. Los descendientes de los Inca no permiten a sus enemigos ver sus lágrimas.

* * *

Durante todo el largo viaje de Arizona a Ayacucho, Josué Sauñe tampoco lloró. Todavía no podía creer la noticia que había recibido de su cuñada, Donna, cuando llamó desde Atlanta ese domingo por la mañana. "Tus hermanos fueron asesinados ayer", dijo. Eso simplemente no podía ser cierto. Josué tenía que ir a ver por sí mismo si eso había sucedido. Mientras tanto, no podía llorar.

Sin embargo, podía enojarse, y Josué estaba muy enojado. Estaba enojado con Sendero por matar a Rubén y Rómulo, y estaba enojado con Dios por permitir que sucediera. "¿Dónde estaban tus ángeles cuando estaban masacrando a mis hermanos?", le preguntó amargamente. "Tal vez se acobardaron y se escondieron detrás de la montaña".

Josué no era cobarde. Sabía exactamente lo que haría al llegar a Ayacucho. Encontraría a Carlos Trisollini, los dos buscarían armas y juntos irían a matar a los terroristas que mataron a sus hermanos. Después de todo, habían hecho ese pacto de sangre cuando eran niños. Ahora que Rubén estaba muerto, les correspondía a Josué y Carlos vengarlo.

Durante todo el largo viaje desde Arizona a Ayacucho, Josué planeó la venganza. Por supuesto, mataría a los senderistas que tendieron la emboscada a su familia. Pero conocía a otras personas que ayudaron a cometer el crimen. Un chanka que tenía negocios con la familia había traicionado a sus hermanos.

"Esos miserables han entrado con los yanquis a evangelizar, están encima de nosotros", dijo el chanka a Sendero. "Ese Rómulo ha dado la vuelta al mundo. Tiene muchos buenos amigos extranjeros. ¿Cómo esos muchachos van a estar casados con extranjeras?".

Luego, el chanka sintió una ligera punzada de conciencia. "Bueno, solo una cosa", añadió. "No toquen al padre, ¿bueno?".

Josué no sintió ninguna punzada de conciencia. Tenía la intención de matar primero a los padres y abuelos de los que asesinaron a sus hermanos. Luego mataría a sus hermanos, cónyuges e hijos. Finalmente mataría a los asesinos mismos.

Como habían convenido, Carlos Trisollini esperaba a Josué en el aeropuerto de Ayacucho. Sus ojos se encontraron a través de la terminal abarrotada y Josué pudo discernir que Carlos tenía todo listo. Tan pronto pudiera recoger su maleta y salir por la puerta, se irían a ejecutar el plan.

Salir por la puerta resultó ser un problema porque allí estaba Zoila Sauñe esperando a su hijo. A Josué le sorprendió ver a su madre en el aeropuerto. Pensaba que estaría en casa descansando, medio muerta de pena. Pero allí estaba ella, tranquila, serena y vestida con su mejor ropa de colores vivos. Tomó firmemente a su hijo del brazo y lo dirigió hacia un taxi que los esperaba.

"Josué, yo sé lo que estás pensando", dijo Zoila, "pero no vale la pena. Será mejor que vengas conmigo a donde yacen tus hermanos en la iglesia". Antes de darse cuenta de lo que pasaba, Josué se encontró apretado en el asiento trasero del taxi entre su madre y su tío Arcángel. No había manera de encontrarse ahora con Carlos Trisollini.

Rumbo a la iglesia, Josué escuchó la historia de cómo su tío había sobrevivido al ataque senderista. Cuando comenzaron los disparos, Arcángel cayó al suelo; no podía determinar si fue por una bala que le pasó cerca o por la caída de un cuerpo encima. Mientras yacía en el suelo, un senderista se le acercó. Al descubrir que Arcángel estaba todavía vivo, apuntó su arma al pecho de Arcángel y apretó el gatillo. El arma no disparó, estaba vacía.

Antes de que el terrorista pudiera recargarla, el ruido de un helicóptero militar que se acercaba hizo que Sendero huyera cuesta arriba de la montaña. El cañonero del helicóptero abrió fuego, abatiendo a dos docenas de terroristas, incluidos algunos de los que habían asesinado a los hombres Quicaña Sauñe momentos antes. Tropas terrestres enviadas desde Ayacucho siguieron el ataque, persiguieron a Sendero por la cresta de la montaña, matando a más terroristas. Aunque estaba agradecido de ver a su tío con vida, Josué no pudo evitar preguntarse por qué ese helicóptero no había llegado a tiempo para salvar al resto de su familia.

Los dolientes llenaban la Iglesia Presbiteriana donde estaba por comenzar el funeral de los cuatro hombres asesinados. Un periodista calculó que había entre cuatro y cinco mil personas que habían acudido al funeral, que fue en gran medida el de mayor asistencia de los funerales celebrados en Ayacucho por muchos años. Antes de darse cuenta de lo que estaba sucediendo, Josué estaba al frente de la iglesia mirando los ataúdes de sus hermanos. Su padre estaba a su lado. "Josué, eres el único hijo que tengo aquí", dijo. "Debes hablar en nombre de tus hermanos".

Josué no tenía la intención de decir nada en el funeral. De hecho, ni siquiera tenía la intención de asistir al funeral. Sin embargo, al mirar los rostros de los quechuas afligidos, supo de inmediato lo que diría. "¡Sendero Luminoso viene matándonos por demasiado tiempo! Únanse a mí, hermanos míos, y nos levantaremos y lucharemos contra ellos. ¡Es hora de vengarse!".

En ese momento, Carlos Trisollini se acercó y con lágrimas en los ojos lo abrazó. "Josué, no estás llorando", dijo. "¿Por qué no lloras?".

"No puedo llorar todavía", respondió Josué. Entonces dijo la verdad a su viejo amigo. "Estoy demasiado enojado para llorar, Carlos".

Había llegado el momento para que Josué subiera al púlpito de la iglesia. Los dolientes lo reconocieron y guardaron silencio. Se dieron cuenta de que el joven rebelde que abandonó el Perú hace una década había madurado hasta convertirse en un hombre digno. Ese hombre mostraba una sorprendente similitud a sus antepasados incas. Tenía físico cuadrado y fornido, ojos fijos y negros como el carbón, y la voz mesurada de barítono.

"Hermanos míos", dijo Josué. "No luchamos contra sangre y carne, sino contra principados, contra potestades y huestes espirituales de maldad en las regiones celestiales".

Josué parpadeó. No había planeado decir eso. Ni siquiera recordaba haber leído Efesios 6:12 en la Biblia, ni cómo se le habían metido las palabras en la cabeza. Sin embargo, eso es lo que dijo.

"Sendero Luminoso no es mi enemigo", continuó. "Satanás es el enemigo. En realidad, estamos luchando contra el diablo, no contra las personas que mataron a mis hermanos. Necesitan a Cristo tal como ustedes y yo".

Antes de que Josué Sauñe se diera cuenta de lo que estaba pasando, Dios había cambiado su corazón. "De repente, vi que las personas que mataron a mis hermanos también eran mi gente", dijo años después a un amigo. "Si yo quería luchar contra Sendero Luminoso, debería luchar con la Biblia. Fue la primera vez que entendí eso. Yo, un hombre que creció creyendo que la única manera de cambiar a la gente era luchando".

Después del servicio fúnebre, Josué y Carlos ayudaron a llevar los ataúdes de Rómulo, Rubén, Josué y Marco Antonio al cementerio de Ayacucho, encabezando una procesión de miles de dolientes. La mayoría de ellos eran creyentes cristianos quechuas, vestidos de colores vivos. Algunos habían caminado varios días desde las montañas y selvas para presentar sus últimos respetos a los mártires. Todos los que asistían al funeral se ponían en riesgo. Se había infiltrado Sendero Luminoso, observando quiénes iban a llorar a esos enemigos de la revolución. Los próximos servicios fúnebres en Ayacucho podrían ser para los mismos dolientes.

Esa noche, Carlos Trisollini llegó con varios amigos al Hotel Plaza donde se hospedaba Josué. "Bueno, el funeral ha terminado", le dijo a Josué. "Ahora vámonos. "Sé a dónde se dirigen los senderistas. Van hacia la selva".

Josué suspiró. "Carlos, cuando vine de Estados Unidos, quería matar", dijo. "Eso es lo que sentía en mi corazón. Pero después de estar en el funeral y de ver la verdad de lo que pasó, no quiero volver a hacer eso".

"Pero Josué, ¡recuerda nuestra promesa!", respondió su amigo. "Todo está listo. Tenemos que irnos ahora".

"Carlos, no creo que vayamos a cambiar a nuestra gente de esa manera. Dios ha cambiado mi corazón. Ahora sé que Él tiene algo más para mí".

Carlos lo miró a los ojos. "Josué, aunque tú no vayas, debo ir yo".

"Tenemos diferentes maneras de hacer las cosas, tú y yo", respondió Josué. "Esta es mi manera de hacerlo. No quiero que mis hijos odien. Odiar no sólo a Sendero Luminoso, sino odiar a los blancos, odiar a los españoles por lo que nos hicieron. Ya no quiero eso".

"El odio se acaba conmigo", dijo Josué. "No lo voy a transmitir a mis hijos. Volveré a Estados Unidos. Cuando regrese a Perú, será con formas diferentes de luchar contra lo que está sucediendo aquí".

Carlos no insistió más. Los dos amigos oraron juntos y luego se dieron las buenas noches. Al día siguiente, Josué salió de Ayacucho hacia los Estados Unidos. No intentaría castigar a Sendero por la muerte de sus seres queridos. Sin embargo, el castigo para Sendero llegaría, y rápidamente.

* * *

Los terroristas que mataron a los hombres Quicaña Sauñe se habían reunido desde sus bases en Ica, Cachi, Huancavelica y la cuenca del río Apurímac. Cuando el Ejército contraatacó aquel sábado, cayeron alrededor de cien senderistas. Los sobrevivientes se retiraron para sus bases. Pocos lograron llegar. A la mañana siguiente, tropas del Ejército interceptaron una columna de 40 senderistas que cruzaba la cresta de Huaytará y eliminaron a todos.

Las rondas de defensa civil se movilizaron cuando la noticia de los asesinatos llegó a las aldeas de la zona rural de Huamanga. En un camino debajo de Socos, una ronda se encontró con un grupo de extraños de quienes sospechaban que eran senderistas. "¿Dónde está nuestro hermano Rómulo?", la patrulla les preguntó. "¿Qué han hecho ustedes con él?". En respuesta, los desconocidos sacaron armas. Se produjo un tiroteo y cuando terminó, los senderistas yacían muertos.

El mayor contingente de senderistas realizó una marcha forzada hacia las selvas del río Apurímac, tratando de escapar de la tropa militar que los perseguía. En el camino, los terroristas no pudieron encontrar a nadie dispuesto a alimentarlos. Se debilitaron por el hambre y la fatiga. Unos campesinos escucharon a un senderista quejarse a un camarada. "Esos hombres deben haber sido inocentes. ¿Por qué los matamos? No estaríamos sufriendo así si no lo hubiéramos hecho".

El Ejército alcanzó a los terroristas antes de que encontraran refugio en la selva. Atrapados en un cañón y demasiado exhaustos para luchar, los senderistas cayeron ante una ráfaga de disparos. El Ejército destruyó toda la columna de unos trescientos senderistas. Luego, los soldados recuperaron artículos que habían robado a sus víctimas, incluyendo efectos personales de los cuatro hombres Quicaña Sauñe. Sendero sufrió tantas bajas ese día que no quedó nadie para castigar a los cinco mil dolientes que habían asistido días antes al funeral en Ayacucho.

El sábado 12 de septiembre de 1992, exactamente una semana después de la muerte de los hombres Quicaña Sauñe, policías antiterroristas irrumpieron en un departamento de Lima que había estado bajo vigilancia. Allí encontraron a Abimael Guzmán Reynosa, el denominado Presidente Gonzalo, y a varios otros miembros del alto mando de Sendero Luminoso. Mientras los agentes lo esposaron, el altivo Guzmán dijo: "Esta vez es mi turno de perder".

Guzmán perdió mucho. Cadenas de televisión transmitieron conferencias de prensa con el líder caído de Sendero Luminoso. Las autoridades gubernamentales concluyeron que era el momento para presentar al público el misterioso hombre que había aterrorizado al Perú durante casi dos décadas. El Presidente Gonzalo salió al aire, respondiendo a preguntas de periodistas desde una jaula de la prisión.

Su actuación fue un desastre de relaciones públicas para Sendero. La imagen de un heroico luchador por la libertad que Guzmán había minuciosamente cultivado en la clandestinidad se disolvió una vez que los peruanos vieron al hombre tal como era en realidad. El Presidente

Retorno a Huamanga

Gonzalo era un regordete académico de edad mediana, que fumaba cigarrillos importados de EE.UU. mientras despotricaba sobre su plan para liberar al país del Imperialismo yanqui.

Los jóvenes senderistas sufrieron una profunda desilusión cuando contemplaron con sus propios ojos a su venerado líder. El movimiento terrorista que Guzmán había dirigido con tanta astucia comenzó a desmoronarse a medida que cientos de reclutas abandonaron Sendero Luminoso. De hecho, la desilusión hirió a Sendero más que las costosas derrotas militares que sufrieron en los últimos meses de 1992. En dos breves años, el temido Sendero Luminoso se desvaneció. Fue uno de los fracasos más dramáticos de todas las guerras civiles del siglo XX.

Si uno pregunta a los peruanos por qué y cómo sucedió esto, recibirá distintas explicaciones. Algunos dicen que un cambio en la estrategia militar derrotó a Sendero. Otros dan crédito a las rondas de defensa civil. Algunos expertos, como el destacado antropólogo Carlos Iván Degregori, citan como factor clave la resistencia de los cristianos evangélicos a la doctrina marxista-leninista-maoísta. Otro factor primordial: la oración enfocada y constante de millones de peruanos.

Si se le preguntara a Enrique Sauñe cuál fue el golpe mortal para Sendero, él diría que fue porque Dios respondió a esas oraciones, aun a un gran costo para él y su familia.

"Dios tenía un plan como remedio preparado para la pacificación del país. Comenzó con mis hijos, así pienso yo".

* * *

Aunque Missy de Sauñe y su esposo Josué acostumbraban hablar la mayor parte del tiempo en el auto, no hablaron mucho rumbo a casa desde el aeropuerto. El largo vuelo desde Ayacucho a Arizona todavía no fue tiempo suficiente para que Josué se reconciliara con la realidad de que sus hermanos se habían ido. Missy sabía que Josué aún no estaba listo para hablar del hecho y ella esperaría hasta que lo estuviera. Esperó tres meses.

La pareja estaba viajando un día entero en su auto cuando Josué comenzó a hablar de Ayacucho. Dijo: "Creo que necesito ir a Perú y hacerme cargo del ministerio de mis hermanos. No hay nadie más. Tengo que hacerlo".

Missy esperaba que Josué dijera algo semejante a esto desde antes de casarse con él. Tenía su respuesta lista. "Bueno".

Missy Aspa conoció a Josué Sauñe en 1987, cuando él estudiaba arte en Phoenix y ella estaba por graduarse en la escuela secundaria. Un domingo, Josué y su hermano Abel visitaron la Iglesia Bautista de Poston, Arizona. La familia Aspa, miembros de las tribus originarias del río Colorado, tenía su hogar en las tierras de la Reserva del Río Colorado. En junio de 1988, Josué se casó con Missy en la Iglesia Bautista de Poston, y la pareja se instaló en el pueblo cercano de Parker.

Josué lanzó su carrera artística y Missy aceptó un empleo de oficina. La carrera de Josué prosperó. La Asociación de Artes Thunderbird comenzó a comercializar sus joyas de plata y esculturas de madera y alabastro. Su arte, de estilo norteamericano nativo, se vendía en galerías y exhibiciones por todo el suroeste de los Estados Unidos. Parecía que los Sauñe iban a establecerse permanentemente en Arizona, hasta que Josué fue a Ayacucho a enterrar a sus hermanos.

Desde su regreso del funeral de Rómulo y Rubén, pensaba mucho en lo que significaba su muerte en términos de su compromiso ante Dios de luchar por la justicia para los quechuas de Huamanga. Josué no pudo escapar de ese compromiso. Había nacido para realizarlo, incluso había nacido de nuevo para realizarlo.

Missy sólo tenía una duda sobre la propuesta de Josué. "¿Crees que tenemos suficiente preparación para hacer eso?", preguntó. "Sabes que nunca hemos trabajado en nada parecido a la obra misionera".

La respuesta de Josué fue mudarse con Missy y sus dos hijos pequeños a Phoenix. Una organización misionera conocida como la Confraternidad India y Esquimal de Esperanza [*Christian Hope Indian Eskimo Fellowship* o CHIEF], mantenía allí un centro de capacitación para formar discípulos. Josué tomó clases en el centro mientras continuaba su carrera artística. Missy completó sus estudios de enfermería y aceptó un puesto como asistente médica en un centro de atención de salud familiar.

La pareja vivía del sueldo de ella y ahorraba los ingresos del arte de Josué. Algún día necesitarían esos ahorros para viajar a Sudamérica. Dos años y medio después de mudarse a Phoenix, Josué decidió que ese día había llegado. Cerró su estudio y renunció a la Asociación de Artes Thunderbird. El presidente de la Asociación reaccionó de una manera típica de amigos y socios de los Sauñe. "¿A dónde van exactamente? ¿Qué locuras van a hacer allí?".

Josué no tenía una respuesta precisa a la segunda pregunta. Sus planes para financiar su carrera misionera también eran bastante vagos. CHIEF recientemente había enviado a otros misioneros al extranjero, por lo que Josué y Missy pidieron a la organización que los ayudara a formular un presupuesto y recaudar fondos. El personal de CHIEF estimaba que los Sauñe necesitaban $3.500 dólares mensuales para cubrir sus pasajes, visas, equipos y seguro, además de la educación de sus hijos y gastos del hogar. Esto sin contar otros proyectos misioneros.

Lanzaron un llamado a los colaboradores del CHIEF y comenzaron a llegar donaciones para los Sauñe. Sin embargo, las donaciones llegaban demasiado lentamente para Josué. "Los peruanos nos están esperando, preguntando cuándo vamos", le dijo a Missy. Cuando la iglesia local donde se congregaban los Sauñe se comprometió a apoyarlos con $500 dólares mensuales durante un año, Josué no pudo esperar más. En julio de 1995, sacó sus ahorros del banco y compró pasajes de avión a Perú.

* * *

Josué y su familia se instalaron en el centro Runa Simi en Chosica. Tras la muerte de Rómulo, su esposa Donna convirtió su casa en un dúplex para poder alojar a los colaboradores de Runa Simi. Ahora dos familias Sauñe ocupaban la propiedad. Donna y sus cuatro hijos, Romi, Kusi, Dori y Tawa en un lado; Josué, Missy, Noconi, Zoyla y Sheyava en el otro. Josué asumió el puesto de vicepresidente de Runa Simi. Con el transcurso de los años, el trabajo de alfabetización se fue expandiendo. Un estudio de grabación produjo audios de las Escrituras e himnos en quechua, así como en otras lenguas indígenas del Perú. Profesores brindaron capacitación especializada a pastores y evangelistas cristianos. Consejeros brindaron orientación a las familias indígenas.

Josué expandiría más el trabajo de Runa Simi. Dos meses después de llegar a Perú, él y Missy visitaron la congregación quechua que pastoreaba Enrique Sauñe en Cuchipampa, suburbio de Ayacucho. Al igual que docenas de barrios de refugiados que rodeaban Ayacucho, Cuchipampa contenía una gran cantidad de viudas y huérfanos que Sendero Luminoso había dejado. La visión de tantos niños vagando por las calles, descalzos y desnutridos, causó una fuerte impresión en Josué. Cuando los miró a los ojos, se vio a sí mismo: niño quechua, pobre, niño a quien Dios dio la oportunidad de convertirse en un artista exitoso.

"¿Puedo preguntarles algo?", dijo a las madres viudas de los niños. "¿Sus hijos van a la escuela?".

"No", respondieron. "No estamos en condiciones para enviarlos a la escuela. No podemos pagar las matrículas.

Además, los hijos deben trabajar para ayudar a mantener a la familia".

Aparte de la urgente necesidad de educarse, existían otras razones de peso para que estos huérfanos asistan a la escuela. Carlos Trisollini explicó a Josué el impacto de la guerra terrorista en ellos. Algunos chicos, a los cuatro o cinco años de edad, vieron Sendero asesinar a sus padres. Ese trauma resurgió en ellos al llegar a la adolescencia. Pandillas juveniles habían infestado los barrios como Cuchipampa, creando una situación sumamente penosa. Niños quechuas, que pocos años antes habían escapado de la violencia de Sendero Luminoso en los campos de Huamanga, ahora morían violentamente en las calles de Ayacucho.

Missy y Josué acordaron que su primer proyecto misionero sería establecer una escuela en Cuchipampa. Debido a los recursos limitados, comenzó con sólo 10 alumnos, pero la pareja planeaba agregar 10 alumnos más cada año hasta que la escuela se volviera autosuficiente. Al año siguiente, el gobierno terminó la construcción de una carretera de Paccha a Chakiqpampa. Los Sauñe vieron esto como una oportunidad para establecer una escuela para huérfanos también allí. Al nuevo establecimiento en Chakiqpampa, le pusieron el mismo nombre del de Cuchipampa: Escuela Primaria Rómulo Sauñe.

Mientras trabajaba en los proyectos escolares, Josué se volvía más consciente de la aguda pobreza que Sendero había dejado a su paso. "Estos niños no comen bien", dijo un día a Missy. "La mayoría de los días comen sólo cebada y agua, es todo".

Se le ocurrió una idea. "¿Por qué no compramos terrenos?", dijo a su esposa. "Podrían producir todo tipo de alimentos para estos niños".

La idea generó el segundo proyecto misionero de los Sauñe, el *ayllu huasi*. El término significa literalmente "hogar del clan" en quechua, haciendo eco de una antigua costumbre. En la época del Imperio incaico, familias grandes cultivaban la tierra de manera comunitaria, compartiendo las cosechas con vecinos débiles o viejos que no podían trabajar. Representaba el sistema incaico de seguridad social.

Josué y Missy recaudaron dinero para comprar un terreno en el río Cachi, cerca de Mayubamba, para el primer ayllu huasi. Enrique y Zoila Sauñe se encargaron de sembrar maíz, papa y cereales, y de distribuir la cosecha a viudas y huérfanos. Daban prioridad a los huérfanos que estudiaban en la Escuela Primaria Rómulo Sauñe. Josué esperaba que eventualmente pudieran recaudar dinero para construir residencias en el ayllu huasi. Así, las mismas viudas podrían cultivar la tierra y recoger las cosechas, enseñando a los chicos huérfanos habilidades prácticas para complementar su educación académica.

* * *

Josué reclutó a Alfredo Fajardo para ayudar con estas empresas misioneras. Alfredo y Margarita habían acompañado a Rómulo en su fatídica visita a Chakiqpampa. Seguramente Alfredo habría muerto con Rómulo ese día, pero tuvo problemas mecánicos con su antigua camioneta rumbo a casa. La demora evitó que la familia Fajardo cayera en la emboscada fatal. Alfredo concluyó que Dios le había perdonado la vida para que él continuara la obra de Rómulo entre el pueblo quechua.

Alfredo ayudó a Josué a implementar otras ideas más. En el funeral de sus hermanos, Josué había observado una palpable unidad entre la enorme multitud de cristianos quechuas que fue a llorar a los mártires. Procedían de varios clanes y comunidades distintas que vivían por siglos en conflicto y rivalidad. Ahora parecía que las tensiones iban menguando. Josué percibió un cambio de actitud entre los quechuas evangélicos también. Ya no se distinguían como presbiterianos o pentecostales u otras denominaciones eclesiales, sino simplemente como cristianos. Josué esperaba forjar ese espíritu de unidad en iniciativas para el evangelismo y servicio comunitario.

Alfredo Fajardo se unió a Josué en estas iniciativas. Los dos hombres cruzaron la cordillera de los Andes organizando campañas evangelísticas y conferencias bíblicas. Una campaña en 1997 tuvo lugar en San Martín, pequeño pueblo en el altiplano peruano cerca del lago Titicaca. Los evangelistas montaron una enorme carpa de circo y pasaron una semana entera proyectando películas cristianas y predicando el Evangelio.

Los residentes de San Martín mostraron gran interés en las presentaciones, especialmente en las películas. Para la última noche de la campaña, quedaba solo una película en el repertorio de Josué y Alfredo, titulada "Prueba de Fuego" y producida por la organización Puertas Abiertas. La película documentaba las historias de cristianos que habían sufrido por su fe. Algunas de esas historias eran de cristianos peruanos que sufrieron a manos de Sendero Luminoso.

Cuando Josué propuso proyectar la película, Alfredo le hizo una pregunta: "Hermano mío, ¿crees que este es un buen día para morir?".

Josué quiso saber por qué Alfredo pensaba así. "Ya sabes, todavía hay senderistas por aquí", dijo su compañero. "Algunos estarán presentes esta noche. Si nos toman por enemigos de la revolución, intentarán matarnos".

Josué reflexionó sobre esto. "Pero míralo de esta manera, Alfredo. Si no nos matan, ¡qué oportunidad tendremos de llevarlos a Cristo!".

Esa noche, los dos evangelistas proyectaron "Prueba de Fuego" ante una audiencia repleta. Cuando terminó, la multitud permaneció en silencio incómodo, sin saber lo que pasaría después. Josué se puso de pie y comenzó a hablarles sobre el Cristo que sostiene a sus seguidores en las horas más oscuras de la vida. Invitó a cualquier persona que quisiera conocer a Cristo a dirigirse a un salón en el Centro Comunitario al lado de la carpa para charlar con Alfredo Fajardo y otros consejeros que esperaban allí.

La gente empezó a salir de la tienda grande y dirigirse a la puerta del Centro. Esa noche, los consejeros guiaron a 80 personas a recibir a Cristo como su salvador. Alfredo sospechaba que algunos de los que decidieron seguir a Cristo eran senderistas, aunque no les hizo la pregunta.

"Esa noche fue la más destacada de mi vida", dijo Josué a un amigo varios años después. "Yo, quien había odiado tanto a los senderistas, los vi con mis propios ojos venir a Cristo".

En 1999, Alfredo Fajardo regresó a San Martín sin Josué para realizar una campaña evangelística bajo la carpa. Los residentes locales respondieron aún más favorablemente que dos años antes. Más de 120 personas aceptaron la invitación de seguir a Cristo. Como siempre, Alfredo sospechaba que varios de ellos eran senderistas, aunque no les hizo la pregunta.

Debido a las respuestas notablemente positivas al Evangelio, Josué Sauñe presumió que los terroristas de Sendero Luminoso que una vez querían matarlo a él y a sus familiares ya no representaban una amenaza para ellos. En esto estaba equivocado.

10

La batalla por Poyeni

Cuando Sendero Luminoso atacó en la oscura madrugada de aquel día de mayo de 1990, Tsiriari todavía dormía. La aldea asháninka, ubicada en la carretera principal entre Mazamari y Puerto Ocopa, se consideraba a salvo de ataques terroristas. Sin embargo, la ronda campesina había tomado la precaución de apostar centinelas alrededor del pueblo. Pero los guardias sólo llevaban arcos y flechas, armas poco eficaces contra las ametralladoras y bombas senderistas. Dos ronderos asháninkas, Tito Mahuanca y Juan Peña, cayeron muertos bajo la lluvia de balazos. El resto se rindió o huyó al monte.

El pastor Augusto Díaz de la Iglesia Evangélica Asháninka en Tsiriari y su familia se despertaron al estallar los disparos y explosiones. Cuando salió el sol, pudieron ver a los senderistas invadir el pueblo y arrojar dinamita a las casas de sus vecinos. Antes de que Sendero pudiera llegar a la casa de los Diaz, Augusto, sus siete hijos y su esposa Mariera, quien estaba embarazada de siete meses, escaparon hacia el cerro. Los terroristas saquearon la casa de los Díaz, llevándose mantas, ropa, herramientas, ollas y sartenes. Luego prendieron fuego al edificio de caña y palma. En pocos minutos, todos los bienes materiales de Augusto y Mariera, excepto la ropa que llevaban puesta, se habían reducido a cenizas.

Por los siete meses siguientes, la familia Díaz vivió escondida de Sendero Luminoso en el monte que rodea

Tsriari. Comían lo que podían recoger de las parcelas clandestinas de yuca, maíz y plátano que Augusto cultivaba en la selva y de los peces que podía pescar en los ríos. Dormían bajo los árboles o en refugios provisionales de palmera. En julio, Mariera dio a luz a su octavo hijo, un niño al que llamaron Jagin. La familia padecía hambre, lluvias torrenciales y enjambres de mosquitos. Pero sobrevivieron los 10, incluso Jagin.

Los meses se prolongaron. Sendero mantenía firme control de Tsriari y Mariera se desanimaba cada vez más. Augusto se dio cuenta de que era urgente encontrar un refugio permanente para su familia. En diciembre logró llegar a Mazamari, donde otros pastores de la Iglesia Evangélica Asháninka estaban llevando una conferencia anual de capacitación. Allí habló con Paul Friesen sobre su situación y pidió al misionero que lo ayudara a trasladarse a uno de los pueblos de refugio que se encontraban a lo largo del río Tambo. Cuando terminó la conferencia, la familia Díaz se mudó a Betania. Augusto, Mariera y sus ocho hijos no volverían a su hogar en Tsiriari por cinco largos años.

Augusto, sin embargo, regresó de vez en cuando con otros pastores asháninka a los cerros cercanos a Tsiriari para animar a los creyentes cristianos que aún vivían en la zona. Los pastores enseñaban clases de la Biblia y dirigían reuniones de oración. A veces, volvían de estas visitas llevando consigo a familias que se acomodaban en los varios pueblos de refugiados asháninkas. Pedro Aurelio, creyente evangélico de Potsoteni que estudiaba en el instituto bíblico de la Misión India Suiza, también visitaba a los asháninkas en las zonas controladas por Sendero Luminoso. Volvía con informes cada vez más preocupantes sobre las condiciones de vida allí.

"Hemos visto la grave situación en nuestra comunidad. Hubo varios muertos en nuestras familias; mujeres y niños también fueron muertos inocentes. Era una obligación ir a luchar contra los ricos y los militares.

La batalla por Poyeni

Como los niños y los ancianos no pueden defenderse en esas batallas, son matados".

"Hemos recuperado una cantidad de gente que estaba en poder de los terroristas. Fueron dañados, estaban desnudos, tenían hambre. Comían hojas de hierbas. Presentaban muchas enfermedades de anemia y tuberculosis por falta de medicina".

Paul y Maurine Friesen hacían todo lo posible para ayudar a las familias asháninkas atrapadas en la guerra entre la tribu, Sendero y el Ejército de Perú. Con fondos donados por congregaciones de los Hermanos Menonitas de América del Norte y el Comité Central Menonita, los Friesen compraron sencillos artículos domésticos. Su modesta casa en los recintos de la Misión India Suiza servía de almacén y centro de distribución. Antes de que terminara la guerra, los Friesen distribuyeron el valor de $30.000 dólares en mantas, ropa, herramientas, mosquiteros, ollas y sartenes a las familias asháninkas que luchaban por sobrevivir.

"Les proporcionamos lo más básico para vivir", dijo Paul Friesen a un periodista. "Pudimos enviar poca comida porque la logística fue muy complicada. No podíamos apoyar a mucha gente que cayó en la pobreza. Tuvieron que sembrar sus propios alimentos en los terrenos de los pueblos de refugio para poder comer".

"No conozco a nadie que haya muerto de hambre, o a personas que no hayan recibido suficiente ayuda donde ésta estaba disponible. Ahora, en lugares que estaban bajo control terrorista, no había forma de enviar ayuda. La gente allí sufría de desnutrición y enfermedades".

* * *

El primer ataque a Poyeni se produjo el 14 de septiembre de 1992. A las 6:00 horas de la mañana, 200 senderistas abrieron fuego contra la comunidad con ametralladoras, armas automáticas y granadas. Los defensores asháninkas, armados con antiguos rifles, escopetas, arcos y flechas, devolvieron el fuego. No fue una pelea justa.

Los asháninkas, mal preparados para el asalto y responsables de la defensa de cientos de mujeres y niños, se enfrentaron a un enemigo disciplinado que gozaba de superior potencia de fuego. Desde el punto de vista militar, la lucha no podía durar mucho. No lo hizo. Al cabo de tres horas, cesaron los disparos porque Sendero Luminoso se había retirado apresuradamente.

La batalla por Poyeni había comenzado.

Poyeni, ubicado en una mesa a 160 metros de altura sobre el río Tambo, dominaba una amplia vista del campo alrededor. Fue el tipo de vista estratégica que determinaba la ubicación de fortalezas en los ríos de Europa medieval. Los asháninkas, de hecho, habían convertido a Poyeni en una fortaleza. Su misión era impedir el avance de Sendero Luminoso por el río Tambo y así proteger de los ataques terroristas a Shevoja, Betania, Atalaya y docenas de otros asentamientos de refugiados río abajo.

Los refugiados de guerra de Potsoteni, Centro Caperocía y una docena más de pueblos de la Selva Central se asentaron en Poyeni. La población del asentamiento se multiplicó por seis, pasando de 360 a 2.010 residentes. La aglomeración agotó los recursos locales hasta el punto de quiebre. Los agricultores asháninkas no podían alimentar a todos con la limitada cantidad de tierra cultivable que disponían, por mucho que la trabajaran. Los cazadores y pescadores asháninkas tampoco pudieron llevar suficientes jabalíes, patos, pavos y bagres para alimentar a todos. De hecho, tal nivel de caza habría agotado toda la vida silvestre que rodeaba el asentamiento.

En cualquier caso, el servicio en la ronda campesina ocupaba gran parte del tiempo de los agricultores. Además, los cazadores tenían que guardar municiones preciosas para la tarea más urgente de defender Poyeni contra Sendero. Los asháninkas refugiados en pueblos de río abajo sabían que, si Poyeni caía, Sendero tendría una avenida abierta por el Tambo. Por ende, los asháninkas que sabían orar oraban para que Poyeni no cayera.

Algunos factores favorecían a los defensores de Poyeni. Primero, su posición en la empinada sobre el río Tambo les dio la capacidad de detectar columnas enemigas que avanzaban. En segundo lugar, para atacar la aldea, los senderistas tenían que realizar una agotadora subida por ese acantilado. En tercer lugar, los asháninkas podían pedir refuerzos si fuera necesario por una red de radio establecida con Shevoja, Betania y una docena de otras comunidades río abajo. En cuarto lugar, los asháninkas eran hábiles tiradores. Desde pequeños, aprendían a usar rifles, escopetas, dardos, arcos y flechas para cazar.

El último y más importante factor a su favor fue que muchos de los asháninkas sabían orar. Alfonso Torribio dirigía a Poyeni en oración todas las mañanas. Hombre de 50 años de edad, Torribio había servido a la Iglesia Evangélica Asháninka como pastor por casi la mitad de su vida. Entre los 2000 refugiados en Poyeni, aproximadamente 800 eran creyentes cristianos. Torribio y otros pastores los reunían diariamente para ayunar, orar y estudiar la Biblia. Sabían bien que, dada la formidable fuerza desplegada en su contra, nada menos que un milagro evitaría que Poyeni cayera en manos del Sendero.

"Llegaron hermanos de todas partes para ayudarnos", Torribio dijo más tarde a un periodista. "Pero yo sabía que, sin la ayuda de Dios, no podríamos prevalecer".

* * *

Alejandro Aurelio, el hombre astuto que hizo emborrachar a los senderistas con masato para lograr la fuga en balsas de Potsoteni a medianoche, fue el primer defensor asháninka en morir en la batalla de Poyeni. Pocos días después del primer ataque terrorista, Aurelio y su esposa María salieron de mañana a cazar. Alejandro supuso, erróneamente, que los senderistas habían abandonado la zona tras el fallido asalto. Cuando cazó un loro, una patrulla senderista que andaba en el monte escuchó el disparo. María logró escapar de la emboscada que tendieron a la pareja y volvió corriendo a Poyeni para dar alerta a los ronderos. Estos siguieron a María hasta el lugar de la emboscada y encontraron el cuerpo de Alejandro. La ronda buscó a sus asesinos, pero fue en vano. Regresaron tristes a Poyeni para advertir al resto de los cazadores asháninkas. Todos tomaron la prudente decisión de permanecer en la aldea y guardar sus municiones.

El 2 de octubre Sendero lanzó un segundo ataque contra Poyeni a las 6:00 horas de la mañana. Esta vez los defensores estaban mejor preparados. En las dos semanas transcurridas desde el asalto inicial, la ronda campesina había terminado de cavar trincheras a la altura del pecho en el perímetro del asentamiento. Los tiradores asháninka disparaban contra los terroristas atacantes a través de rocas apiladas a lo largo de las zanjas. Los defensores también habían cavado hoyos debajo de sus casas para esconder a mujeres y niños. Si Sendero atravesaba el perímetro, los tiradores podrían retroceder a estas trincheras y seguir luchando.

Los senderistas también estaban mejor preparados esta vez. Además de ametralladoras, armas automáticas y dinamita, llevaron bombas incendiarias para arrojar contra el pueblo. Se iniciaron varios incendios en las casas de caña y palma de los asháninkas, provocando pánico entre las mujeres y los niños que se escondían debajo. Dos niñas que escaparon de su hoyo fueron abatidas a tiros por senderistas antes de que pudieran ponerse a salvo.

A medida que avanzaba el combate, las bajas aumentaban, principalmente en el lado del Sendero. A pesar de su superior potencia de armas, los terroristas no podían someter la aldea. Alrededor de las 10:00 horas, justo antes de que llegaran refuerzos de Shevoja, Betania y otros asentamientos río abajo, los terroristas se retiraron. La retirada les costó aún más bajas. Su ruta de regreso pasaba a través del más pequeño río Poyeni. Desde el amanecer, cuando por primera vez cruzaron el arroyo, una tormenta había convertido el normalmente manso Poyeni en un violento torrente. Se llevó corriente abajo a varios de los senderistas quienes, incapaces de nadar mientras cargaban armas, se ahogaron al intentar cruzarlo.

Cuando llegaron los refuerzos asháninkas, les quedaba poco por hacer excepto ayudar a los defensores de Poyeni a recoger los cadáveres de senderistas caídos y arrojarlos al río. Los ronderos contaron las bajas: 60 terroristas muertos y otros 150 heridos. Entre los asháninkas, cuatro habían muerto: las dos niñas que intentaron huir de debajo de la casa encendida y dos ronderos civiles, José Vásquez y Elías Chiricente. El pueblo realizó los servicios fúnebres de los fallecidos en la Iglesia Evangélica Asháninka.

Los asháninkas habían causado grandes daños a Sendero, a pesar de contar con viejos rifles, escopetas, dardos, arcos y flechas. ¿A qué se debía el éxito desigual de los guerreros tribales? Alfonso apunta varias razones.

> Teníamos mejor puntería. Es que aquí sabemos cazar desde niños. Algunos de los senderistas no disparaban bien por los nervios. Eso no pasaba con nosotros.
>
> Usamos los *piri piri,* también. Mayormente para cazar, no empleamos veneno en los dardos. Pero, esta vez, pusimos veneno en los puntos para que los senderistas murieran rápido. También, mi tío y mi hermano han matado con flecha.
>
> A veces nos faltaba municiones. Teníamos que contar nuestros tiros. Unos tenían 20, otros tenían 10, así era. Entonces tenían que estar seguros de cada disparo.

La comida era casi tan escasa en Poyeni como las balas. La diócesis católica de San Ramón suministraba envíos de raciones al pueblo, pero la oferta no pudo satisfacer la demanda. "Muchas veces comíamos yuca, nada más", dijo Torribio. "Los niños casi morían de hambre".

Sendero Luminoso esperó tres semanas antes de atacar Poyeni por tercera vez. Nuevamente fallaron en derrotar a los defensores. En este combate, sin embargo, los senderistas sólo sufrieron tres muertos. Esto se debía a que la batalla duró poco tiempo antes de que los terroristas se vieran obligados a retirarse. Se habían quedado sin balas.

* * *

Aunque Poyeni sufría repetidos ataques de los terroristas, los asháninkas que lo defendían tenían la ventaja de identificar al enemigo. Eso no era tan fácil de hacer en las zonas del río Ene o la cuenca alta del Tambo infiltradas por Sendero. Allí, los terroristas se mezclaban libremente con otros atsiri, y los asháninkas nunca sabían si un desconocido era senderista o simplemente otro extraño corriente. Para espiar a la tribu, los terroristas se hacían pasar por civiles o ronderos civiles. Los asháninkas, siempre desconfiados de los atsiri, ahora aprendieron a confiar aún menos en ellos.

Por su parte, Sendero Luminoso aprendió a desconfiar de todos los habitantes de la zona, tanto asháninka como atsiri. Se dieron cuenta de que los pastores evangélicos en particular no eran amigos de la revolución. Los pastores no sólo se negaron a unirse a la lucha ellos mismos, sino que los asháninkas quienes aprendían sus lecciones bíblicas y participaban en sus reuniones de oración también se negaron a hacerlo. Augusto Díaz, Pedro Aurelio y otros pastores de la Iglesia Evangélica

La batalla por Poyeni

Asháninka se convirtieron en blancos de Sendero. Algunos de ellos se convirtieron en mártires.

Cuando Maurine Friesen recuerda a los mártires, sus ojos azules arden de indignación. "Hemos oído hablar de una o dos iglesias que fueron crucificadas. Un joven llamado Cisco salió para inscribirse en la Universidad. Tenía sus papeles, todo listo. Volvió a buscar a su esposa y lo atraparon. Lo llevaron al río y lo torturaron. Creo que por tres días siguieron insistiendo en que él renunciara a su fe. Cisco se negó a hacerlo, entonces lo ahogaron.

Inicialmente, Sendero creía que los maestros de la escuela en Tsriari eran sinceros seguidores de la revolución. Después del ataque inicial a la aldea, los terroristas permitieron a cuatro maestros atsiri que trabajaban con contratos gubernamentales quedarse para continuar dando clases. A cambio de este permiso, los profesores se comprometieron a apoyar la revolución. Durante los siguientes dos años y medio, los educadores vivieron en Tsriari y enseñaron tanto a niños locales como a algunos de las comunidades cercanas. Como Tsriari, estas aldeas quedaron destruidas, quedando sólo un puñado de sus habitantes. Con el tiempo, Sendero descubrió después de todo, que estos maestros tampoco eran seguidores sinceros de la revolución.

Un grupo de espías senderistas que vivían en los escombros de una aldea y se hacían pasar por ronderos civiles, lo descubrieron. Un día, los maestros de Tsiriari pasaron por allí y, creyendo que eran ronderos de verdad, les revelaron a los espías sus verdaderas opiniones sobre Sendero Luminoso. Los espías informaron de los comentarios a su comandante, que decidió que los maestros eran traidores y merecían todo el peso de la justicia revolucionaria. El 9 de agosto de 1992, a las 18:00 horas de la tarde, 30 terroristas armados entraron en Tsiriari y reunieron a la comunidad. Los profesores no tenían ni idea del peligro. Conocían personalmente a algunos de los senderistas, algunos incluso eran familiares de sus estudiantes. No esperaban nada peor que otra larga reunión popular. Se equivocaron.

A la mañana siguiente, Dino, un sobrino de Augusto Díaz de 15 años de edad, llegó al pueblo para pasar clases. Sin embargo, la escuela de Tsiriari no impartió clases ese día, ni tampoco durante muchos días después. Dino encontró a su maestro muerto en la calle. Sendero había degollado al hombre de oreja a oreja y abierto su torso desde el tórax hasta el ombligo. Otras 17 personas yacían muertas en Tsriari esa mañana, con sus cuerpos igualmente mutilados. Los senderistas habían asesinado a cuatro profesores, a sus familias y a algunos estudiantes de la escuela secundaria. Según los informes, una niña de 15 años murió a manos de su propio primo, a quien Sendero ordenó administrar todo el peso de la justicia revolucionaria.

* * *

Afortunadamente, Poyeni nunca cayó bajo la justicia revolucionaria. En la mañana del 23 de noviembre de 1992, 400 senderistas se lanzaron contra los asháninkas que defendían el alto acantilado sobre el río Tambo. Sería el último asalto de Sendero contra Poyeni. La ronda campesina utilizó sus viejos rifles, escopetas, arcos y flechas con efectos letales. A pesar de su superior potencia de fuego, los terroristas no eran iguales a los tiradores asháninkas. Para la media mañana, decenas de terroristas yacían muertos en las laderas de la meseta donde se ubicaba la aldea. Algunos pocos habían logrado llegar a la cima, pero de repente dieron media vuelta para huir de las ráfagas letales de balas, flechas y dardos envenenados. Algunos huyeron demasiado apresuradamente, cayendo por el escarpado acantilado a su muerte.

Cuando llegaron refuerzos de los pueblos asháninkas de río abajo, poco les quedaba por hacer más que ayudar a los defensores de Poyeni a recoger los cadáveres de senderistas y arrojarlos al río. Sin embargo, esta vez fueron tantos que los asháninkas decidieron dejar a muchos de los terroristas donde cayeron. Con el tiempo, la selva consumiría los cadáveres. Los defensores de Poyeni registraron otro recuento de bajas increíblemente desigual: 150 senderistas muertos, cuatro asháninkas heridos.

La batalla por Poyeni había terminado.

Sendero Luminoso no estaba en condiciones de organizar otro asalto a la aldea. Aún menos cuando, después del ataque de noviembre, la Armada peruana decidió establecer su propia base en aquella estratégica curva del río Tambo. La presencia militar liberó a Poyeni finalmente de la amenaza senderista.

Al mismo tiempo, el temido movimiento terrorista estaba implosionando rápidamente. Durante los mismos últimos meses de 1992 en que los asháninkas derrotaron a Sendero en Poyeni, unidades del Ejército y rondas campesinas aplastaron a las bandas senderistas en los campos de los alrededores de Ayacucho. Después de la captura de Abimael Guzmán en septiembre, las órdenes procedentes del alto mando terrorista habían dejado de llegar a los comandantes locales. La falta de dirección precisa sembró más confusión en los batallones senderistas. Atrapadas entre los guerreros asháninkas y el avance del Ejército, las fuerzas de Sendero Luminoso comenzaron a retirarse de la Selva Central. A medida que Sendero abandonaba sus bases, los asháninkas que habían mantenido en la esclavitud iban liberándose.

Sin embargo, el tiempo de Los Dolores no desapareció de la tarde a la mañana, especialmente para los asháninkas que vivían a lo largo del río Ene y la cuenca alta del Tambo, territorio donde todavía deambulaban dispersas bandas de senderistas. La familia Ernesto de Puerto Asháninka, por ejemplo, sufrió el cautiverio por dos años más, vagando de una base terrorista a otra y obligados a trabajar para la revolución. Obtuvieron su libertad sólo cuando surgió una discusión entre sus captores senderistas. La disputa terminó en un tiroteo en el que los terroristas se mataron entre sí. La familia Ernesto y sus vecinos lograron escabullirse durante los combates y regresar a casa.

Durante casi un año después de la decisiva victoria asháninka en Poyeni, la aldea de Otica seguía viviendo bajo la opresión senderista. Ubicado muy arriba en la cuenca alta del Tambo, el pueblo fue controlada por puñado de terroristas que empleaba la mentira de que Sendero Luminoso estaba al borde del triunfo final. Otica soportaba el aislamiento, el hambre y la enfermedad. Un día, la mitad de los senderistas salieron del pueblo para espiar a las comunidades asháninkas de río abajo. La otra mitad se dirigió río arriba en busca de provisiones. Dejaron a tres hombres asháninkas que consideraban como seguidores sinceros de la revolución a cargo de la base.

Tan pronto como los terroristas se marcharon, dos de los tres encargados propusieron un escape. Cuando el tercero protestó, le cortaron el cuello. Paul Friesen se enteró más tarde del incidente por uno de los propios asháninkas. "Fue mi propio hermano al que tuvimos que matar, porque no nos dejaba ir", dijo el hombre con tristeza. "Con él fuera del camino, fuimos en barco a Poyeni, 128 personas en total. Cuando los senderistas regresaron, ya no tenían más gente. Simplemente se fueron".

Para principios de 1994, Sendero había abandonado por completo el territorio alrededor de Otica, permitiendo que los refugiados regresen con seguridad al pueblo a reconstruir sus hogares. Aquel mes de septiembre, la ronda asháninka utilizó Otica como base para la exploración del territorio más arriba del río Ene. Encontraron la selva prácticamente libre de senderistas. Un grupo de hombres asháninkas regresó al pueblo de Centro Caperocía para reconstruir sus casas, limpiar la tierra y sembrar yuca, ñame y plátano. Para aquel diciembre, los hombres habían puesto las cosas en orden para que sus familias pudieran reunirse con ellos. A solicitud de Torribio Alfonso, helicópteros militares llevaron a sus esposas e hijos desde Poyeni al Centro Caperocía para la reunión familiar.

Sin embargo, las familias gozaban de poco tiempo para disfrutar el reencuentro. Dos semanas después de la llegada de las mujeres y los niños, 150 asháninkas flacos y pálidos emergieron de la selva donde se habían escondido de Sendero. Pidieron asilo en el Centro Caperocía. El pueblo no estaba preparado para recibir a los recién llegados. La yuca y el ñame que los hombres habían plantado no estarían listos hasta varias semanas más. La comida que habían llevado solo era suficiente para alimentarlos hasta la cosecha. Sin embargo, compartieron lo que tenían con los refugiados. Principalmente, todos compartieron el hambre. Pero, después de todo, eran asháninkas, y los asháninkas sabían compartir. De lo contrario, no habrían sobrevivido a Los Dolores.

En mayor o menor grado, Los Dolores dejaron secuelas permanentes en decenas de comunidades asháninkas. Después de la retirada de Sendero Luminoso, Tsiriari logró reconstruirse rápidamente, gracias a su ubicación favorable en la carretera principal entre Mazamari y Puerto Ocopa. Augusto Díaz trasladó a su familia a Tsiriari desde Betania y reanudó su ministerio como pastor de la Iglesia Evangélica Asháninka. Por otro lado, al momento de esta redacción, Pablo Cecilio y su esposa Natividad todavía vivían refugiados en Puerto Ocopa. Probablemente nunca regresarán a Alto Gloriabamba para pastorear la iglesia allí. De hecho, la Iglesia Evangélica Asháninka no ha abierto sus puertas de nuevo en Alto Gloriabamba, ni en decenas de otros asentamientos asháninkas. Alto Gloriabamba aún no se ha reconstruido, ni tampoco decenas de otras aldeas asháninkas.

En su nuevo hogar en Puerto Ocopa, Natividad explicó a un periodista lo que sucedió a su esposo después de su atrevido escape de Sendero y su entrega al Ejército peruano.

"Estuvo confinado durante dos semanas aquí en la cárcel militar. Mis hijos venían todos los días a visitar a su padre, hasta su liberación. Desde entonces, vivimos en Puerto Ocopa al lado de mi tío.

"Renunciamos a nuestras ocho hectáreas de café en Alto Gloriambamba. Ahora cultivamos dos hectáreas de tierra comunitaria aquí. El café pronto empezará a producir. Mientras tanto, los niños estudian. Uno ya está en secundaria y el resto están por terminar la primaria".

Los que conocen su historia creen que hay varias razones por las cuales los asháninkas sobrevivieron Los Dolores y triunfaron sobre Sendero. Uno, porque estaban luchando en su propia tierra contra atsiris que no estaban acostumbrados a la vida en la selva. En segundo lugar, sus escuelas tribales y la Iglesia Evangélica Asháninka proporcionaban una fuerte red social que los unía para enfrentar la crisis. Tercero, los asháninkas eran expertos guerreros. La batalla de Poyeni demostró de manera extraordinaria que su reputación como tales era bien merecida.

Pero si uno pregunta a Paul y Maurine Friesen, o a la señora Natividad Aranibar de Cecilio, o a Augusto Diaz o Pedro Aurelio o Alfonso Torribio por qué la tribu prevaleció sobre Sendero y Los Dolores, dirán que fue porque Dios respondió de manera extraordinaria a los asháninkas que sabían orar.

11

Abogado de abogados

La noche en que las fuerzas de seguridad llevaron a sus padres a la sede de la DINCOTE en Lima, Rodolfo Jaimes de 14 años, su hermana Kelly de 11, su hermano Lorenzo de nueve años, y su hermana Carlita de dos años y medio, permanecieron solos en casa, asustados y confundidos.

"Pensamos que se los iban a llevar para ser interrogados y de ahí iban a regresar", dijo Rodolfo a un periodista años después. "Mamá y papá llevaron monedas para su pasaje en bus, pensando que iban a regresar. Nos quedamos solos y tristes ese día en la casa, a la espera de que regresen ellos en la noche, cosa que no sucedió. Estábamos esperando hasta que unos cristianos nos hicieron entender que estaban en un caso complicado".

"Fue terrible, terrible, porque no entendíamos de verdad qué pasaba", añadió su hermana Kelly. "A mí me preguntaron que si de aquí había salido un coche bomba. Yo decía no, pues, nunca. Llorábamos y llorábamos, porque era algo extraño que pasó en nuestra casa. Solamente queríamos que ya nos devuelvan a papá y a mamá, a quienes nos habían quitado de la noche a la mañana".

Benito y Antonia Jaimes no regresaron a casa esa noche, ni la siguiente. De hecho, si alguien de la familia Jaimes hubiera sabido cuánto tiempo pasaría antes de que padres e hijos volvieran a verse, el miedo y la tristeza habrían sido insoportables.

Sendero Luminoso y los Hacedores de Paz

Antonia cruza sus manos desgastadas sobre la mesa de la oficina de Paz y Esperanza y continúa la historia.

Fuimos a DINCOTE por un mes y 15 días. Todas las personas que me visitaban allí siempre me decían que solo necesitaba hacer una declaración para irme. Cuando reclamaba, me dijeron, "No conocemos nada, pues el fiscal te va a juzgar. Irás a un fuero civil". Lo que ignoramos fue que, en aquel entonces, la Policía había capturado a un senderista en nuestro barrio. Manejaba un coche bomba. Lo presionaron para denunciar a sus cómplices y los había llevado a nuestra calle, señalando nuestra casa como sitio donde se había fabricado el coche bomba. La Policía nunca nos reveló esto, ni la identidad del terrorista que nos acusó. Luego nos enteramos de su nombre: Guillermo Flores Rivera.

Un día, nos llevó a un cuarto y mi esposo firmó un papel. Me pasaron a otra mesa y me hicieron poner la huella en dos papeles. Como yo no sabía leer ni escribir, no sabía qué era lo que estaban haciendo. Luego me dijo el oficial que esto era para que el caso pase a un fuero militar.

Ahí el juez me dijo: "¿Por qué has llegado a declarar que eres terrorista?".

"Al contrario", dije, "yo pedí una declaración para poder irme. No tengo nada que ver con ellos".

"Aquí dice que tú has llegado a declararlo en DINCOTE".

"Esa es mentira".

Nos sentenciaron a cadena perpetua. Lo único que pude decir era: "Señor juez, tengo cuatro hijos pequeños. No lo hagas por mí, háganlo por mis hijos. Soy inocente".

Un abogado me dijo que tenía que apelar. Yo no sabía qué era apelar. Me llevaron a Chorrillos y después a mi esposo lo llevaron a Castro Castro. Mis hijos se quedaron dispersos. Rodolfo fue a vivir con un cuñado, Lorenzo con otro cuñado, Kelly y Carla con mi cuñada. La preocupación los afectó bastante. Rodolfo dejó el estudio y se dedicó a trabajar en construcciones con su tío. Kelly agarró un trabajo como empleada. Estuvimos adentro, separados de ellos casi cuatro años.

* * *

Allí en el penal, me dijeron: "Nunca vas a salir. Acá vas a morir". Dije: "No voy a morir. Tengo un Abogado de los abogados, Él me va a sacar. No será mañana ni pasado, pero mi libertad va a llegar. Confío en Él".

Reclamaba a Dios: "Señor, mándame una hermana que me haga comprender tu Palabra". Entonces una hermana llegó detenida, Teófila Curi. A las 5:00 de la mañana, cantaba alabanzas. Me levantaba a escuchar con atención aquellas canciones que hace tiempo me había olvidado. Cuando salimos al patio, le pregunté: "Señora, ¿usted es evangélica"?

"Si, soy evangélica".

Me enseñó su Biblia. Estaban escritas detrás todas las alabanzas.

"No sé leer ni escribir", le dije. "Quisiera que usted me enseñe".

"Sí, puede ser".

Ese rato llegó el coronel Cornejo Coveña. Nunca le hablaba al coronel porque tenía miedo. Las reglas eran bien rectas. Pedí al Señor que me diera palabras. "Coronel, un momentito, quisiera hablar con usted".

"¿Qué problema tienes?".

"No tengo problema. Solo quiero que Teófila Curi de la Celda 3 pase a mi celda. No sé leer y quisiera que me lea la Biblia".

"¿Quién es Teófila Curi?", preguntó el coronel.

"Yo soy", dijo la hermana.

"¿Qué dice? ¿Pasarás a la celda de Antonia?".

"Si usted lo dice, Coronel. La Biblia dice que debemos respetar a las autoridades".

Desde aquel entonces, nos levantábamos en las noches a cantar alabanzas y a orar en la celda. "Hoy día, Señor, quítame la venda de mis ojos para poder leer", pedía, agarrada de la reja. "Quiero saber de ti, Señor, enséñame". Ya la Palabra dice: "Clama a mí, y yo te responderé, y te enseñaré cosas grandes y ocultas que tú no conoces" (Jeremías 33:3). Así aprendí, mi familia es testigo.

Mi cuñada no dejaba que mis hijos fueran a visitarme porque me habían sentenciado a cadena perpetua. Pensaban que iba a quedarme toda la vida ahí, hasta ser ancianita. Gracias a la señorita Gabriela Hope, una asistente de derechos humanos, pude ver a mi hija Kelly después de dos años. Ya tenía 14 años cuando fue a la cárcel de Chorrillos al primer encuentro.

"¿Tu eres Kelly?", pregunté.

"Yo soy", respondió.

La desconocí. Realmente había crecido bastante. Pensé que era hija de mi cuñada.

"Mami, estoy trabajando para reunir plata para poner un abogado en el caso", dijo. "Pues, cuando yo sea grande, voy a estudiar derecho para ser abogada. A mi mamá y a mi papá los voy a sacar de aquí".

* * *

Un día de abril de 1994, el abogado de Paz y Esperanza, José Regalado, se encontró en el enrarecido aire frío del Altiplano peruano mirando con exasperación las paredes tenebrosas del penal de máxima seguridad Yanamayo. Regalado había viajado 1300 kilómetros y ascendido más de 3800 metros de altura desde su casa en Lima hasta la ciudad de Puno, con la única intención de atravesar esos muros. Ahora parecía que su viaje terminaría en vano. El comandante de Yanamayo le había negado la entrada, alegando normas de seguridad. "Aquí tenemos encarcelados a los terroristas más peligrosos del Perú", dijo el mayor. "Es imposible que tengas contacto con ellos".

El único prisionero de Yanamayo con el que José intentó contactar fue Juan Carlos Chuchón. Originario de San Francisco de Pujas, Ayacucho, Juan Carlos había trabajado como albañil en Lima durante casi 10 años antes de comenzar una sentencia de 30 años en Yanamayo por traición al Estado. Su esposa, Pelagia Salcedo Chuchón, también fue encarcelada, ella en el penal de Chorrillos, cumpliendo una pena de 30 años por el mismo delito. La Policía arrestó a la pareja en su modesta casa una noche de diciembre de 1992, en una redada en el suburbio limeño de Canto Grande. Ambos fueron juzgados y condenados por un tribunal militar de jueces anónimos un mes después. Ambos, creía José Regalado, eran inocentes.

Regalado llevaba semanas tratando de establecer contacto con Juan Carlos, desde que Paz y Esperanza había recibido una carta de líderes de las Asambleas de Dios del Perú afirmando que la familia Chuchón, miembros de su Iglesia desde hacía mucho tiempo, no tenían vínculo ninguno con Sendero Luminoso. La familia había sufrido graves injusticias a manos de las autoridades, aseveraba la carta. Los líderes de las Asambleas de Dios concordaban con la declaración de un compañero de prisión, el ingeniero Miguel Cornejo. En una conferencia de prensa televisada, Cornejo declaró que un hombre inocente llamado Chuchón había sido encarcelado injustamente en Yanamayo, donde dedicaba su tiempo a organizar grupos de lectura bíblica y reuniones de oración.

Las numerosas pruebas de inocencia convencieron al personal de Paz y Esperanza a aceptar la tarea de defender a la familia Chuchón, previas entrevistas personales con los acusados, como era la norma de la organización. Fue por eso que José Regalado se encontraba aquel día mirando los tenebrosos muros de la prisión en el Altiplano peruano azotado por el viento.

Mientras estaba allí, José oraba. Le dijo a Dios que francamente estaba exasperado. "¿Por qué me hiciste venir hasta aquí, sólo para regresar a casa?", se quejó malhumorado. En ese momento sonó la radio de la Policía con un mensaje para el oficial al mando. Se apresuró a alejarse en su automóvil en dirección al cercano lago Titicaca, dejando a cargo a su segundo al mando, un capitán. Al cabo de unos minutos, el capitán entabló conversación con José.

"Eres cristiano evangélico, ¿no?".

"Sí, lo soy", respondió José.

"¿Te importaría responderme algunas preguntas sobre la Biblia?".

José dijo que estaría encantado de hablar sobre lo que el capitán proponía. El tema tenía que ver con conflictos matrimoniales y José mostró al oficial algunos consejos de las Escrituras que aplican a las relaciones entre marido y mujer. El capitán escuchaba atentamente. Cuando José terminó, preguntó: "Doctor, ¿le gustaría entrar al penal a visitar a sus hermanos?".

"Claro, me gustaría entrar", respondió. "En particular, me gustaría ver a Juan Carlos Chuchón".

En unos momentos, los guardias de la prisión estaban conduciendo a José a través de una serie de puertas de acero, cada una de ellas fuertemente vigilada y cerrada con llave. Al final se encontró en un estrecho pasillo frente a una pared de gruesas rejas.

"Me quedé en un pasadizo, en un lugar repleto de rejas y paredes. De repente, apareció Juan Carlos Chuchón en frente mío. Solamente veía su rostro y escuchaba un poquito de sus palabras. Apenas me vio, él comenzó a llorar".

"¡Gracias a Dios! ¡Gracias a Dios!", exclamó Chuchón. "¡Ha mandado a uno de sus hijos!".

José Regalado se quedó inmóvil, sin poder hablar.

Abogado de abogados

"Cuando vi a Juan Carlos Chuchón por primera vez, me quedé mudo", dijo luego a un periodista. "Yo no soy pentecostal. Soy miembro de una denominación que tiene una doctrina muy formal, ¿no? Pero en ese momento sentía que el Espíritu de Dios estaba tocándome".

"Comencé a llorar. Yo temblaba. Por 10 minutos no pude articular ninguna palabra. Lloré junto con el hermano. Era la primera vez que él recibía una visita".

Cuando pudo hablar Juan Carlos, lo primero que quiso decir a José fue lo que Dios estaba haciendo dentro del penal Yanamayo. Informó a José que 10 hombres en su celda habían aceptado a Cristo desde que Juan Carlos comenzó a guiar lecturas diarias de la Biblia.

"Mi hermano", dijo Chuchón, "la única esperanza, el único consuelo acá es la Palabra de Dios. He pedido al Señor que me ayude a predicar el Evangelio a esta gente. Quiero ser un instrumento de Dios en este penal".

Después, José y Juan hablaron sobre las duras condiciones en las que vivían los reos de Yanamayo. Debido a la extrema altitud, los reclusos soportaban un frío constante en sus celdas sin calefacción. Las estrictas normas de seguridad y la enorme distancia entre Puno y sus pueblos de origen limitaban las visitas de sus familias. Censores penitenciarios leían toda su correspondencia, confiscando las cartas consideradas sospechosas.

José anotó sus necesidades más urgentes. Su esposa Ruth y el resto del personal de Paz y Esperanza —José prometió— recolectarían chompas y abrigos para los reos de Yanamayo, así como Biblias. Paz y Esperanza también tomaría contacto con una red internacional de cristianos comprometidos con el tema de justicia, pidiendo que escriban cartas a Juan Carlos Chuchón y a otros hombres que seguían a Cristo en el penal. Los censores penitenciarios pronto tendrían mucha más correspondencia para examinar.

"Me quedé impresionado, mucho más porque este hermano no me dijo 'hagan algo por mí, resuelva mi caso', nada de eso", José dijo. "Me mencionó que había decenas de creyentes evangélicos en ese momento y que siga pidiendo a mucha gente que ore por los inocentes, por favor, que la oración servía para mucho. A partir de ese momento, me quedé sumamente impresionado con el caso. No pude dejar de pensar en ello.

"Regresé a Lima, compartí la información con el Concilio Paz y Esperanza y asumimos el caso. Nuestra oficina contactó a la señora Pelagia Salcedo Chuchón en la prisión de Chorrillos y descubrió que ella había ayudado a organizar una iglesia tras las rejas. Comenzamos a realizar las investigaciones legales, y de verdad, era un caso sumamente injusto".

* * *

Pelagia fue la primera en despertarse con los ladridos de los perros y las pisadas en el techo. "¡Juan, escucha!", le dijo a su marido que dormía a su lado. "¡Alguien está intentando entrar!".

Juan murmuró algo incoherente. Agotado por su jornada de albañil, no se despertaba fácilmente a esa hora de la noche. Pelagia quitó las sábanas, corrió al salón y apretó el interruptor de luz. No pasó nada. Los intrusos habían cortado la electricidad. Una extraña sombra acechaba bajo las escaleras que conducían al techo. Pelagia se asustó.

"¡Ratero! Ratero!", gritó.

"¡Cállate, cállate ya!", respondió la sombra, insultándola con obscenidades. "Somos policías". El oficial emergió de las escaleras y le apuntó con el arma. "No te muevas".

De repente, Juan apareció en la puerta agarrando una silla para golpear al ratero. Otra sombra le apuntó con un arma y gritó: "¡Quieto o te mato!".

Abogado de abogados

Los policías cubrieron la cabeza de Juan con una capucha y lo empujaron a una silla. Lo ataron a la silla y la volcaron a patadas.

"Voltéate a la pared", ordenaron a Pelagia. "No quites los ojos de ahí".

Para entonces, los dos niños Chuchón, Marlene de 8 años y Avilio de 13, ya se habían despertado. Cuando entraron a la habitación, los intrusos agarraron a Avilio, le pusieron una capucha en la cabeza y lo tiraron al suelo junto a su padre.

"No mires nada", ordenó un oficial.

"Párate al costado de tu madre", gritaron a Marlene. "No la mires, mira hacia la pared".

"Pero, ¿qué está pasando?", preguntó Pelagia, Empezó a llorar. Los intrusos no contestaron nada, sino empezaron a revisar toda la casa.

El allanamiento continuó varias horas. En un momento, Pelagia se dio cuenta de que habían encontrado la libreta electoral de su esposo, también una libreta que decía que la familia Chuchón era de Ayacucho. Luego, ella escuchó a uno de ellos decir: "Estos deben ser terroristas porque son de Ayacucho".

Más tarde, escuchó sonidos de excavación en el patio trasero, donde Juan había arrojado un montón de arena sobrante de sus trabajos de construcción. Ella no podía ver lo que estaban haciendo, por supuesto, porque un hombre le apuntaba con una pistola a la espalda para obligarla a no apartar la vista de la pared. Finalmente, le ordenaron darse la vuelta. La luz gris del amanecer distinguió a los hombres vestidos con uniformes de policía, fuertemente armados y enmascarados. Sostenían una extraña bolsa amarilla en las manos.

"Señora, esta bolsa hemos sacado de la arena del patio".

En ese momento, Pelagia se dio cuenta de que los intrusos buscaban hacer más daño a su familia que cualquier ratero.

"¿Por qué me están haciendo esto?", ella clamó. "Nunca he participado en ninguna de esta política, nada. Nuestra dedicación es al trabajo, atender a nuestros hijos. Nunca participamos con terroristas, más bien hemos sido víctima de ellos".

"¿Puedes identificar esta bolsa?".

"Miren esa bolsa", ella respondió, "está seca y limpia. Si hubieran sacado de ahí dentro de la arena, estaría mojada con barro, porque todos los días yo echo agua de la pila ahí".

Los enmascarados pronunciaron obscenidades y dieron a Pelagia una bofetada en la cara. "¡Eres terrorista!", acusaron.

Tendieron el contenido de la bolsa en la mesa. Contenía cosas que Pelagia nunca en su vida había visto: armas de fuego, viejas y oxidadas, junto a granadas en condición similar, y unos cuantos cartuchos de dinamita. Aun Pelagia se dio cuenta de que ningún serio terrorista utilizaría armas como éstas.

Los policías arrojaron un papel delante de ella.

"Usted firmará aquí, afirmando que estas cosas se han encontrado en su casa y que reconoce que son suyas".

"Pues, yo no voy a firmar. Estas cosas no son mías".

"¡Flaca, no firmes nada!", gritó Juan Carlos. Los policías dieron fuertes golpes al señor Chuchón, mientras gritaban: "¡Cállate terruco, no hables nada!".

Entonces, un policía agarró la mano de Pelagia y puso un lapicero en ella. Otro oficial le agarró del pelo y le apuntó con su arma.

"Firma estos papeles. Si no, te vamos a matar".

Marlene empezó a llorar. "Mamá, firmalo", clamaba, "Porque si no, nos van a matar a todos".

Pelagia apretó los dientes y cerró los ojos. La mano de un policía se cerró sobre la de ella y guio el lapicero por la página.

* * *

Abogado de abogados

Durante la investigación de su caso, José Regalado desarrolló una sólida teoría sobre por qué Juan Carlos y Pelagia Chuchón, dos personas trabajadoras, pacíficas y respetables, de repente se vieron encarcelados por 30 años. La teoría giraba en torno a un antiguo vicio humano: la venganza.

Los pasos que condujeron al arresto de los Chuchón se habían puesto en marcha más de 10 años antes, cuando Sendero invadió por primera vez la zona alrededor del pueblo natal de la pareja, San Francisco de Pujas. Los senderistas asesinaron a un rico terrateniente llamado Medina en su hacienda. Los residentes se enteraron de la atrocidad cuando un escuadrón de policía llegó a San Francisco y solicitaron su ayuda para detener a los asesinos. A la comitiva se sumó Juan Carlos, entonces concejal del pueblo.

El grupo logró rastrear a los senderistas hasta su escondite, pero encontró sólo a dos de los sospechosos. La principal fuerza de combate estaba ausente en ese momento. Tres meses después, los terroristas regresaron a San Francisco de Pujas para castigar al pueblo por cooperar con las autoridades. Asesinaron al yerno del difunto señor Medina y al escuadrón de policía que custodiaba la gran hacienda en las afueras de la ciudad. Luego reunieron a los concejales que pudieron encontrar y los ejecutaron en la plaza principal. Juan Carlos se enteró del ataque terrorista a tiempo para escapar. De allí viajó a Lima. Una vez que encontró alojamiento y trabajo, se le unieron Pelagia y el pequeño Avilio.

La joven familia vivía tranquilamente entre los cientos de miles de refugiados de guerra hasta 1992, el año en que Alberto Fujimori dictó las estrictas leyes antiterroristas. Según la teoría de José Regalado, uno de los senderistas involucrados en el asunto de San Francisco de Pujas que se encontraba tras las rejas y, por tanto, incapaz de ajustar cuentas personalmente con Juan Carlos, utilizó las nuevas leyes antiterroristas para vengarse.

Sendero Luminoso y los Hacedores de Paz

La obscena ironía de todo esto fue que Juan Carlos, ciudadano que había arriesgado su vida para luchar contra el terrorismo, ahora estaba encarcelado como terrorista. Esto era sólo una parte de la ironía obscena. Al acusar a Juan Carlos y Pelagia de pertenecer a Sendero Luminoso, su viejo enemigo no sólo los puso tras las rejas, sino que redujo su propia sentencia de prisión. La cláusula de "terrorista arrepentido" permitía a los senderistas hacer esto sin riesgo para ellos mismos. La ley antiterrorista disponía que la Policía no podía divulgar al acusado la identidad de su acusador. Los Chuchón nunca sabrían quién fue el responsable de enviarlos a la cárcel. Al final de cuentas, no importaba quién fuera.

Pero sí, importaba que José Regalado y el resto del personal de Paz y Esperanza creyeran en la inocencia absoluta de los Chuchón. Su experiencia en defender a docenas de otros cristianos falsamente acusados de terrorismo les ayudó a desarrollar una estrategia de defensa eficaz.

El primer paso consistía en apelar su condena, alegando errores graves en la investigación policial. Los agentes no habían obtenido una orden de registro antes de allanar la casa de los Chuchón, ni un fiscal había firmado la orden de arresto hasta que los policías detuvieron a la pareja. Finalmente, un médico forense descubrió cicatrices de una grave paliza infligida tanto a Juan Carlos como a Pelagia, lo que indicaba que los policías habían obtenido su confesión mediante la tortura. En casos normales, esta evidencia por sí sola habría obligado al tribunal a revocar la condena de los Chuchón. Pero éste no fue un caso normal, sino más bien un juicio militar llevado a cabo bajo leyes antiterroristas. El tribunal negó el recurso de José Regalado en seguida.

José anticipaba la denegación, como sucedía en la mayoría de las apelaciones de cristianos inocentes ante los tribunales militares. Al final de cuentas, esto no importó nada. La ayuda para Juan Carlos y Pelagia Chuchón estaba llegando de otro cuartel.

* * *

Tras su juicio y encarcelamiento, Pelagia Chuchón obtuvo una gran victoria contra el sistema penal. Ella recuperó su Biblia. Al llegar al penal de mujeres de Chorrillos, las autoridades se la habían quitado, junto con todo lo que tenía.

"Normas de seguridad", dijeron. "No se permiten libros, lápices ni papel en el interior".

"Pero necesito mi Biblia para conversar con Dios", suplicó Pelagia entre lágrimas.

"Imposible", dijeron. "Nadie aquí tiene Biblia. Son todos senderistas".

"Por favor, Dios, toca el corazón de la persona que está a cargo aquí", oró Pelagia después de que la metieran en la celda. "Haz que me devuelvan mi Biblia".

Al día siguiente, el coronel pasó por el corredor para inspeccionar las celdas. Cuando llegó a su celda, Pelagia dijo: "Por favor, Coronel, mi Biblia está afuera en la puerta. ¿Podría encargarse de que me la devuelvan?".

El Coronel miró a Pelagia, pero no dijo nada. Continuó su inspección. Pelagia continuó orando. "Señor, toca su corazón, por favor". El oficial llegó a la puerta del bloque de celdas, vaciló un momento, se dio la vuelta y regresó a la celda de Pelagia.

"¿Qué me estaba diciendo usted?", preguntó.

"Mi Biblia, Coronel, me la quitaron ayer en la puerta. Tiene mi nombre, Sra. Pelagia Salcedo Chuchón. Por favor, señor, ¿me la pueden devolver?".

El Coronel suspiró. "Señora, ya que usted insiste, yo me encargo". Dio media vuelta y se fue. Unos minutos más tarde regresó con la Biblia.

El resto de los reclusos se enteraron del incidente. "¿Quién eres tú?, ¿una reina?", dijeron a Pelagia. "Debes tener una gran muñeca. ¿Dónde está tu corona?".

"No soy nada", respondió Pelagia. "Esto es el poder de Dios".

Después de eso, Pelagia comenzó a leer su Biblia diariamente a las mujeres internadas en Chorrillos, tal como su esposo Juan Carlos leía la Biblia diariamente a los reos en Yanamayo. Muchas de las reclusas de Chorrillos, senderistas comprometidas que eran, no creían en Dios hasta que Pelagia Chuchón, Teófila Curi, Antonia Jaimes y otras creyentes cristianas encarceladas con ellas empezaran a compartir el Evangelio allí. Después de tiempo, las mujeres internadas en Chorrillos mostraron tanto interés en el Evangelio que las autoridades accedieron a su solicitud para permitir que dos misioneras, Norma Hinojosa de Perú y Maureen Galloway de Inglaterra, ingresaran a la prisión cada semana para celebrar culto de adoración con ellas.

Esto sucedió después de que Pelagia recibiera la visita del abogado José Regalado de la Comisión Paz y Esperanza. José le dijo que había estado en Yanamayo para ver a su marido y que los iba a defender a los dos para rechazar los cargos de terrorismo.

"Esto va a ser difícil", dijo. "El Ejército ha colocado el expediente de su caso en sus archivos legales, lo que significa que está oficialmente cerrado y no puede reabrirse. Pero no pierdas la esperanza. El Señor Dios es nuestra esperanza. Él nos está ayudando".

Una parte importante de la ayuda que el Señor envió a Pelagia y a Juan Carlos llegó a través de su propia hija. La redada policial en su modesta casa esa noche de diciembre había traumatizado a Marlene, una niña de ocho años de edad en ese tiempo. El trauma aumentó cuando Marlene vio por primera vez a su madre tras las rejas. Su tía Benedicta, con quien ahora vivían Marlene y Avilio, llevó a los niños a Chorrillos para aquella visita.

Las normas de seguridad permitían a las internadas una sola visita cada tres meses. Esta norma también aumentó el trauma para los niños Chuchón. Avilio, de hecho, dejó de visitar a su madre después del segundo viaje porque alguien le dijo al niño que lo iban a encarcelar por terrorista si volvía a Chorrillos. Por supuesto, ninguno de los niños tenía esperanzas de visitar a su padre en el lejano penal de Yanamayo.

A pesar del trauma, Marlene enfáticamente declaraba la inocencia de sus padres a cualquiera que estuviera dispuesto a escuchar. Les decía a los vecinos, a los compañeros de colegio, incluso a los policías que los detuvieron y a los jueces que los condenaron. Sin embargo, los jueces no aceptaron el testimonio de Marlene porque era menor de edad y pariente. Según la ley antiterrorista, no fue apta como testigo.

Cuando Paz y Esperanza se hizo cargo de la defensa de sus padres, Marlene, que para entonces ya tenía 11 años, tuvo la oportunidad de declarar la inocencia de sus padres en la televisión. La niña apareció en un programa noticiario con su tía Benedicta y contó la noche en que unos extraños irrumpieron en su casa, ataron y golpearon a sus padres, derramaron una bolsa de armas viejas y dinamita sobre la mesa familiar y obligaron a su madre a firmar un papel diciendo que era terrorista de Sendero Luminoso. No fue la primera vez que Marlene contaba la historia, pero sí la primera vez que los adultos la tomaban en serio.

La experiencia impresionó tanto a la niña que tomó una decisión sobre su futuro. Cuando fuera mayor, Marlene se convertiría en periodista.

"Quiero ser una buena periodista", dijo a su madre en una visita a Chorrillos. "Quiero ayudar a esa gente que está encerrada y simplemente es inocente, padres de familia que han dejado a hijos que los necesitan. Bueno, quiero que haya justicia".

Los testimonios televisivos de Marlene y su tía Benedicta no eran suficientes, por sí solos, para absolver a sus padres de los cargos de terrorismo. Sin embargo, la nueva publicidad del caso jugó un papel importante en la estrategia para liberar a Juan Carlos y Pelagia Chuchón, junto con otros peruanos inocentes. Alfonso

Wieland y el personal de Paz y Esperanza entendían que la contundente opinión pública era el único motivo que podía mover a los políticos peruanos a corregir las trágicas injusticias provocadas por la ley antiterrorista de 1992. Fuera del Perú, Paz y Esperanza había movilizado a la opinión pública a través de una red internacional de organizaciones cristianas comprometidas con hacer justicia. Sus gestos ahora estaban cobrando fuerza con políticos peruanos. No podían ignorar los miles de cartas procedentes de Suiza, Holanda, el Reino Unido, Canadá, Estados Unidos y otros países aliados que les solicitaban resolver los casos de los inocentes encarcelados.

La ayuda que finalmente liberó a Juan Carlos y Pelagia Chuchón, junto con decenas de otros peruanos inocentes, fue la Ley de Indulto 26655. Aprobada por el Congreso Nacional el 15 de agosto de 1996, la ley creó una comisión especial para revisar los casos de personas acusadas por traición contra el Estado. Tenía la autoridad de recomendar el perdón total para aquellos condenados injustamente.

La Ley del Perdón marcó una gran victoria para los cristianos que habían trabajado tan duro en favor de los inocentes en prisión. Los políticos peruanos incluso reconocieron estos esfuerzos en el texto de la nueva legislación. Citaron los "valientes esfuerzos" del Consejo Nacional de Evangélicos del Perú y la Comisión Episcopal Católica Romana de Acción Social como un "factor decisivo" que condujo a la aprobación de la Ley de Indulto 26655. Sin embargo, José Regalado, Alfonso Wieland y el resto del personal de Paz y Esperanza entendían cuál fue el verdadero factor decisivo de esta victoria.

Alfonso le dijo a un periodista el día en que se aprobó. "Esta ley es una respuesta a las oraciones de miles de cristianos, tanto dentro del Perú como en todo el mundo".

Viernes, 4 de octubre de 1996

Abogado de abogados

Aunque ella no lo sabía, hoy sería el último día que Antonia Jaimes pasaría en el penal de Chorrillos. Años después, contó a un periodista cómo lo ha sucedido.

> Era una mañana bien bonita —nunca me voy a olvidar—, tempranito, estaba echada boca abajo leyendo mi Biblia. Entonces, entró pues el Coronel y se paró en la puerta de la celda. "Antonia, buenos días".
> "Coronel, buenos días".
> "¿Cómo estás?".
> "Yo estoy contenta, alegre, gracias a nuestro Señor Jesucristo".
> "Si estás alegre, alista tus cosas. Te vas".
> "¿Me voy, Coronel?".
> "Ya llegó tu libertad. ¿Quieres irte o no? Si no quieres irte, no hay problema".
> "¿De verdad, Coronel?".
> "Sí, sí, de verdad".
> A una hermana que estaba durmiendo abajo, le dijo: "Celidonia Quispe Chilse, alista tus cosas. Tú también te vas".
> Yo no sabía si gritar o arrodillarme. "Señor, no eres una estatua, tú eres Espíritu", dije. "Tú me sacaste, Señor".
> Lloré y después alisté mis cosas. Me sacaron y ahí estaba mi abogada.
> "Antonia", me dijo, "a los chicos diles que no se preocupen. Su papá también va a salir muy pronto. Estará un par de semanas o un mes adentro, pero va a salir. Ya que has salido, para él es más fácil".
> "Gracias, Doctora, gracias".
> "Ya vamos a llevarte a tu casa".
> Llegaron los periodistas, una cantidad de ellos. Gracias a Dios salimos. Los guardias y las señoritas de ahí me dijeron: "De verdad, Antonia, tú clamabas

a un Dios vivo. Todo lo que le pedías te ha respondido".

* * *

Esa misma mañana de octubre, la señora Pelagia de Chuchón salió del penal de Chorrillos junto con Antonia. La Ley de Indulto 26655 también la liberó a ella. En la lejana ciudad de Puno, Juan Carlos Chuchón emergió de los tenebrosos muros del penal de Yanamayo para abandonar el Altiplano peruano y dirigirse a una reunión familiar en Lima. Sería un emocionante reencuentro, el primero de la familia Chuchón en cuatro largos años.

Mientras estaban en la puerta de la prisión de Chorrillos, Antonia, Pelagia y otras dos reclusas indultadas, Santa Flores y Emeteria Quispe, respondieron a las preguntas de los periodistas y posaron para fotografías. Estas serían las primeras fotografías publicadas de prisioneros inocentes liberados bajo la Ley de Indulto.

"¿Qué es eso que tienen en sus manos?", preguntó un fotógrafo a las mujeres.

"Es lo que nos devolvió la libertad", respondieron.

"Levántenlo para que lo podamos ver", dijo.

La fotografía que tomó apareció posteriormente en las portadas de periódicos y revistas de todo Perú. Fue un excelente retrato de cuatro mujeres, cansadas pero felices, sonriendo de oreja a oreja, mientras sostenían en alto sus Biblias.

12

Perdonado

En el almuerzo en la iglesia Alianza Cristiana y Misionera en Chorrillos aquel día que Jorge Ríos pidió perdón a Bruce y Jan Benson, el ex-senderista no recibió solamente su petición, sino también un fuerte abrazo de los misioneros. "¡Por supuesto, te perdonamos!", dijeron llorando.

"Ahora somos tu hermano y hermana en Cristo", dijo Bruce al joven.

En el momento, Jorge no comprendía completamente lo que Bruce quería decir con eso. Tampoco entendía por qué los Benson estaban dispuestos a ayudarlo a arrancar de nuevo su vida. Pero lo hicieron.

"Como senderista, nunca confié en nadie", explicó más tarde a un amigo. "Si yo me comparaba con cualquier cristiano en Lima, era el peor en quien podían confiar. Sin embargo, sin que hiciera nada bueno estas personas han puesto todos sus intereses en ayudarme con dinero, aconsejándome en lo básico para mi vida. La familia Benson ha sido clave para mi crecimiento cristiano".

Durante los meses siguientes, Jorge visitó la casa de los Benson varias veces para conversar por largas horas y estudiar la Biblia con ellos. Bruce y Jan parecían saber exactamente lo que Jorge necesitaba para empezar una nueva vida. "No podía mantenerse en un trabajo fijo porque no tenía ningún documento", explicó Bruce. "Trabajaba para diferentes iglesias a cambio de una habitación pero la gente le tenía miedo. No querían acercarse demasiado por miedo a lo que pudiera pasar, o a él o a ellos mismos".

Molestaba a Jorge que los cristianos en las iglesias de Lima desconfiaran de él, pero a la vez entendía sus razones por hacerlo. Más de un pastor evangélico había descubierto espías de Sendero Luminoso haciéndose pasar por miembros leales de su congregación, mientras recopilaban información para la organización terrorista. En algunos casos, terroristas "arrepentidos" afirmaban haberse convertido a Cristo para unirse a una iglesia local. Pero su comportamiento revelaba que su deseo de servir al Señor no era tan genuino como su deseo de evitar la cárcel. Le daba pena a Jorge el hecho de que muchos de sus nuevos amigos sospechaban que era un hipócrita o algo peor.

La situación de Jorge también daba pena a los Benson. "Nos llamaba con frecuencia, bien desanimado", dijo Jan. "Decía: 'Voy a volver a la selva, a Tingo María. Al menos puedo trabajar en una granja en algún lugar y me darán algo de comer'".

"Odiaba depender de otras personas. Parecía que todos los delitos que había cometido se volvían en su contra. Cuestionaba si Dios podría perdonarlo de verdad".

Gracias a la amistad y los consejos de los Benson, Jorge al fin superó los ataques de depresión. Gracias a un trabajo de medio tiempo que le dio la Iglesia Alianza Cristiana y Misionera en San Agustín, al fin recuperó su dignidad. La congregación había abierto un comedor social para alimentar a los inmigrantes que llegaban por miles cada mes a Lima y sus alrededores. La gran mayoría eran campesinos que escapaban de Sendero a la ciudad. El empleo produjo una espléndida ironía. Un ex-revolucionario comunista ahora preparaba comidas calientes todas las mañanas para servir a refugiados que huían de la revolución comunista.

Jorge salía del trabajo cada día a la 1:00 de la tarde, pero no para descansar. Generalmente pasaba la tardes y noche predicando, pero no en las iglesias. Sus púlpitos típicos eran las esquinas, o plazas, o autobuses.

> Una pasión por las personas se despertó en mí. No podía estar quieto, sentado, sabiendo que muchos no conocían a Cristo. Lo que me producía gozo era que Cristo me había perdonado. Ver a muchas personas convertirse a Cristo en los colectivos y en las plazas era mi satisfacción.
>
> Mis convicciones en Cristo crecieron mucho, cada vez más. Desarrollé cierta perspectiva de la vida cristiana, cuando era joven en Cristo. Me gustaba congregarme. Iba fielmente a todos los cultos. Pero veía que la iglesia solamente se ocupaba de sentir la paz de Dios para sí mismo. Mostraba muy poco interés por las personas que no conocen a Cristo.
>
> Esperaba que la Iglesia tuviera una convicción más profunda que la de un comunista. Me propuse en mi corazón ser más que un buen miembro de la Iglesia. Dejar una revolución para estar solamente cantando coritos y escuchando mensajes todos los domingos no tenía sentido para mí. Era solamente una gota en el mar en relación a lo que yo podría hacer.
>
> Me quedé muy impactado por la juventud cristiana. Mientras el Perú se estaba haciendo pedazos, matándose en la revolución, la juventud cristiana que conocía a Cristo como la única alternativa para la sociedad peruana estaba ocupando su tiempo en otras cosas. Sentí un rechazo a esa actitud indiferente. Comencé a hablar con mis pastores sobre esta inquietud.

Jorge hablaba largas horas sobre su inquietud con Bruce y Jan Benson. "Jorge, creemos firmemente que necesitas capacitación superior en el discipulado", sugirieron. "Sabemos de un curso bueno".

Los Benson le hablaron sobre Juventud con una Misión. JUCUM, como la organización se conoce comúnmente, ofrecía un curso de capacitación de seis meses en discipulado y misión en las numerosas bases de la organización alrededor el mundo. Jan fue alumna de una escuela de discipulado de JUCUM antes de casarse con Bruce, completando su formación en Hawái. Con el permiso de Jorge, se comunicó con las bases de JUCUM en Argentina, Chile y Colombia para ver si tenían lugar para él. Argentina fue el primero en responder, aceptando a Jorge para la próxima sesión de entrenamiento que comenzaría en seis semanas.

Para poder aceptar la invitación de JUCUM, Jorge necesitaba dos cosas: un pasaporte y el dinero para la matrícula. Había muchas probabilidades de que no obtuviera ninguno de los dos a tiempo. "Uno tiene que tener, por lo menos, un año para sacar todos los documentos", explicó a los Benson. "Imagínense, el duplicado del certificado de baja militar tarda tres meses de trámite. Después, viene la electoral, otros tres meses de trámite. Después el pasaporte, seis meses de trámite. Así que es imposible sacarlo en un mes y medio".

Bruce y Jan sugirieron que Jorge lo intentara de todos modos. Incluso ofrecieron pagarle el pasaje hasta su ciudad natal de Iquitos. "Tenemos una amiga allí que trabaja con el Ejército, tal vez ella pueda ayudar", dijeron. De hecho, la amiga ayudó a concertar una entrevista con un coronel. Después de hablar con Jorge por la mañana, el oficial ya había tramitado su certificado de baja militar para la hora del almuerzo. Esa tarde, Jorge obtuvo su padrón electoral con similar rapidez. Al mediodía del segundo día ya tenía su pasaporte en mano. Mientras el asombrado joven examinaba el pasaporte, evidencia palpable de un milagro burocrático, se dio cuenta de que Dios de veras quería mandarlo a la Argentina.

El viaje a Iquitos le brindó a Jorge otra experiencia maravillosa. Visitó a sus padres, hermanos y hermanas por primera vez desde que dejó su hogar ocho años antes. Su llegada generó bastante revuelo, ya que los últimos informes que tuvo su familia sobre Jorge notificaron que había muerto en Tingo María a manos de las fuerzas de seguridad.

Jorge contó a la familia de su conversión a Cristo y el cambio que se había producido en su vida. Escucharon respetuosamente. Luego les contó sus planes de viajar a Argentina. "¡No! No puedes ir", dijeron. "Ni siquiera queremos que regreses a Lima. ¡Es muy peligroso!".

Jorge dijo que, peligroso o no, tenía que irse. Había hecho una promesa solemne a Dios. Una semana después, y a pesar de sus súplicas, Jorge se despidió emocionado de su familia.

De vuelta a Lima, se alojó con los Benson mientras hacía los preparativos finales para su viaje. Entre los tres juntaron suficiente dinero para comprar un billete de autobús a Buenos Aires. Sin embargo, cuando llegó el día para partir al viaje de tres días a la capital argentina, ninguno de ellos tenía la menor idea de dónde sacaría el dinero para el curso de JUCUM de seis meses.

Jorge viajó de todos modos. Mientras estaba en camino, los Benson recibieron un fax de amigos misioneros que habían regresado recientemente a Canadá desde Perú. En una breve visita en vísperas de la partida de estos amigos, Bruce y Jan mencionaron el plan de Jorge y pidieron a la pareja que oraran por sus necesidades financieras. Lo hicieron.

En su primera semana en Canadá, la pareja misionera dio un discurso en una iglesia que nunca antes habían visitado. Hablaron de Jorge y de sus planes. Después de la reunión, una mujer desconocida se acercó y les entregó un cheque, explicando que Dios le había dicho que era para Jorge. El cheque era por mil dólares, la suma exacta para pagar el curso de JUCUM de seis meses. Inmediatamente los amigos informaron por fax a los Benson. Mientras Bruce y Jan leían el fax, evidencia palpable de un milagro financiero, se dieron cuenta de que Dios de veras quería mandar a Jorge a la Argentina.

* * *

Cuando me convertí, por primera vez me di cuenta de una manera tan real de todo el daño que había hecho. Continuamente lloré y pedí perdón a Dios. En mi mente siempre estaban los hombres que habían muerto. Amigos míos en cuyas casas solamente pasé una noche. Apenas partía en la madrugada, el Ejército irrumpía en sus casas y los mataron. Muchos hijos quedaron sin padres por mi culpa. Cuando vine a la Argentina, le pedí a Dios que me dé siquiera una vez en la vida la oportunidad de predicar a esa gente de Cristo.

En junio de 1993, el pastor Rubén Matías se trasladó a la ciudad de Huánuco. Entonces volví al Perú con la actitud de pedir perdón a los pueblos. Solamente quería llegar a Huánuco, pero no a Tingo María, porque corría mucho peligro. Llegué hasta la casa del pastor Matías. Fue un encuentro muy lindo.

Después me comenzó a contar. "Todos creen que estás muerto. Muchos comentaron que te encontraron descuartizado, que te vieron tirado. Mucha gente se alegró cuando dijeron que te habían matado los soldados. Solamente a unos cuantos hermanos de confianza les comenté que estás vivo".

Me dijo el Pastor: "¿Por qué no sacamos a luz esa verdad? ¿Por qué no hacemos una campaña evangelística en San Jorge?".

Entonces, volví al lugar donde me convertí, haciendo campaña de tres días. Fue tremendo. La primera noche fui directamente a hablar con Efraín, que era mi guardaespaldas. Cuando yo caí prisionero y los soldados aparentemente me mataron, ese hombre se entregó al Ejército. El Ejército le dio carta blanca, quiere decir que podía fusilar a cualquier persona que habría participado, directa o indirectamente, con Sendero Luminoso. Dirigía la ronda campesina en ese pueblo. Su cuartel estaba a dos cuadras de la iglesia en la que yo estaba predicando.

Cuando entré a su casa con un hermano —vigilado por sus soldados—, no podía creer que yo estuviera vivo. Dije: "Efraín, tú sabes bien que he sido una persona que amaba la revolución, que no tenía temor de morir. Te entrené a luchar. Sé que estás ahora con el Ejército y que tienes orden de fusilar a todo aquel que tuvo contacto con Sendero. Estoy aquí, sin arma. Si antes no tenía miedo de morir, con mayor razón ahora que soy cristiano. No traicioné a nadie. Solamente me cambié a un Ejército en el que vale la pena luchar."

Le hablé del amor de Dios. Ese hombre muy corpulento, grande, se paró y dijo: "Si antes tu vida de revolucionario me impactó, ahora me impacta más. Quiero que ores por mí".

Así, en ese momento, Efraín entregó su vida a Jesús. Los soldados lo estaban mirando llorar. Entonces me dijo: "De aquí a ocho kilómetros hay un batallón de terroristas que está a punto de atacar San Jorge. Voy a poner todos los vigilantes en la central del pueblo para que vigilen tu campaña. Así podrás predicar los días que vos quieras, no hay ningún problema".

Prediqué. Primero, pedí perdón a todo el pueblo por los daños y perjuicios que causé llevando el comunismo. Esa noche, cuando hice un llamado a los que querían aceptar a Cristo, dos jóvenes se acercaron a hablar conmigo. Dijeron que estaban en ese momento dispuestos a dispararme con un revólver.

Me acusaron de que, por mi culpa, habían muerto muchos de sus amigos. A otros los mataron los soldados, también por mi culpa. Por mucho tiempo, les hice la vida imposible. Ahora que sabían que no era terrorista, era seguro matarme. Pero, cuando escucharon que fui a pedir perdón, y cuando escucharon la manera como conocí a Cristo y que Dios había cambiado mi vida, ellos quedaron muy impactados. Eso les hizo tomar la decisión de entregar su vida a Cristo también.

Una frase favorita que usan los universitarios hoy en día es que la religión es el opio del pueblo. La cosa es que Marx no entendía qué es la religión y qué es el cristianismo. Ahora estoy totalmente seguro de que la única razón por la que fui a la Argentina fue porque Dios me llamó a entrenar y a movilizar a misioneros. Es una pasión que Dios ha despertado en mi corazón.

En diciembre de 1993, Jorge se casó con Isabel del Carmen Santamaría, a quien conoció en la base de JUCUM en Buenos Aires y con quien compartía su pasión por movilizar a los jóvenes para el campo misionero. Jorge e Isabel se convirtieron en padres de tres hijas. En 1998, JUCUM encargó a la pareja fundar una escuela de discipulado y misiones en Bahía Blanca, Argentina.

Jorge Ríos representa una espléndida ironía de la guerra de Sendero Luminoso. Un hombre que en un momento destruyó a los seguidores de Cristo por órdenes de sus superiores, ahora trabaja apasionadamente para difundir el cristianismo por órdenes aún más superiores.

Bruce y Jan Benson, quien una vez casi murieron a manos de Jorge y de sus compañeros, pueden apreciar mejor que la mayoría de nosotros el cambio extraordinario que Dios logró en la vida de este hombre.

"Durante mucho tiempo, no pudimos imaginar por qué Dios permitió que ocurriera ese secuestro", dijo Jan a un periodista. "Pero ver todo esto fue un verdadero estímulo para nosotros. Ahora podemos decir: 'Gracias, Señor, porque nos diste una idea de tus propósitos para ese viaje'.

Perdonado

Después de todo, fue sólo un día con terroristas."

Chakiqpampa, septiembre de 1999

De todas las reuniones que Josué Sauñe y sus colegas de Runa Simi organizaron cada año para difundir el Evangelio, ninguna contó con mayor asistencia que el evento celebrado durante la primera semana de septiembre para marcar el aniversario de la muerte de sus hermanos. Al iniciar su obra misionera, a Josué se le ocurrió la idea de que una combinación de festival de música, conferencia bíblica y campaña evangelística celebrada en Chakiqpampa conmemoraría apropiadamente las vidas de Rómulo, Rubén, Josué y Marco Antonio, quienes, al igual que su abuelo Justiniano Quicaña, murieron a manos de Sendero.

En septiembre de 1999, aproximadamente 2.000 personas se reunieron por varios días en el pueblo para la fiesta conmemorativa. La gran mayoría, por supuesto, eran creyentes cristianos de habla quechua. Muchos procedían de comunidades lejanas de otras regiones del Perú. Incluso se presentaron algunos invitados internacionales, a pesar del riesgo de ataques perpetrados por los pocos senderistas que aún rondaban las montañas de Huamanga. Todos los presentes en el festival se sentían bienvenidos. Todos menos uno.

"Mira, Josué, allí viene El Anka", dijo Carlos Trisollini, acercándose a su amigo. Los dos estaban sentados dentro de un círculo de la ronda campesina. Debido al persistente riesgo de ataques terroristas, los ronderos acudían armados a la fiesta conmemorativa. Mientras hablaba con Josué, la mano de Carlos se movía para agarrar el mango de su arma.

Josué levantó la vista y vio al hombre, aún lejos, pero caminando decididamente en dirección a Chakiqpampa. Las rondas campesinas se enderezaron, observando atentamente la llegada de El Anka. Alistaron sus armas también.

"Viene directamente hacia ti, Josué", alguien dijo.

"Que venga", respondió Josué, esperando que su tono calmado aliviaría la tensión. No lo hizo.

Josué se había enterado de El Anka a través de Carlos, quien se dedicaba a vigilar a los pocos senderistas que aún rondaban las montañas de Huamanga. Carlos dijo que El Anka ocupaba un rango alto en Sendero. Había matado a muchísimos seguidores de Cristo y todavía ellos le temían. "El Anka es muy astuto", añadió Carlos. "Sabe cómo disfrazarse para evitar que lo detecten mientras acecha a su presa".

El año anterior, El Anka había asistido al festival de Chakiqpampa, disfrazado con una barba larga. Josué no sabía en aquel momento quién era ese hombre, pero en su espíritu sentía una malicia que emanaba del extraño cuando entró en la conferencia bíblica que Josué dirigía. Sin embargo, Josué hizo que el extraño se sintiera bienvenido.

"Siéntate, por favor, hermano", dijo en esa ocasión. "¿Has recibido el material didáctico? Toma, esto es para ti".

Sin decir palabra alguna, el extraño tomó los materiales de manos de Josué y se sentó. Escuchó atentamente las enseñanzas bíblicas. Sin embargo, la sensación de enemistad no abandonó a Josué hasta el momento en que el hombre se retiró de Chakiqpampa.

La constante vigilancia de Carlos a los senderistas que aún rondaban por Huamanga eventualmente reveló lo que estuvo detrás del tenso encuentro entre Josué y aquel extraño barbudo. "El Anka lleva mucho tiempo intentando matarte", dijo un día Carlos a su amigo. "Por eso vino a tu conferencia bíblica para escuchar lo que tenías que decir".

"Pero nadie te va a matar", añadió. "Antes de atraparte, tendrán que matarme a mí primero". Carlos dijo esto repetidamente para asegurarle a Josué que estaba vigilando.

Perdonado

Josué agradeció repetidamente a su amigo por su vigilancia, agregando: "Carlos, recuerda que no estoy realizando trabajos propios aquí de este mundo. Estoy haciendo las cosas del Señor. Si desea, Él me llevará a casa".

Josué y Carlos se preguntaron qué querría hacer el Señor ese día de septiembre mientras miraban a El Anka acercarse a Chakiqpampa. Después de un tiempo, Josué volvió a hablar con los hombres armados que lo rodeaban. "Está bien, podemos ver que no está armado. No pienso que haga algo con todos mirando. Dejen que venga."

El Anka se acercó directamente al grupo de hombres armados. "Hola, hermano Josué. ¿Puedo sentarme a tu lado?", preguntó.

Josué miró fijamente a los ojos del hombre. No pudo detectar la malicia que había acompañado su primer encuentro. "Por favor, siéntate", dijo tranquilamente. El Anka se sentó.

"Hermano Josué, tengo una confesión que hacer", dijo.

"¿Qué es?".

"Bueno, no sé si lo sabes, pero llevo mucho tiempo intentando matarte".

La mano de Carlos no se movió de su arma. Los ronderos se enderezaron de nuevo, observando atentamente cada movimiento del hombre.

"Envié gente a buscarte", continuó El Anka, "pero siempre fallábamos".

Josué miró a Carlos, quien asintió levemente. ¿No había advertido a Josué, apenas unas semanas antes en una campaña evangelística, que tres extraños entre la multitud eran senderistas con intenciones de asesinarlo? No lograron llevar a cabo su tarea, gracias a la vigilancia de Carlos y, evidentemente, porque el Señor aún no quería llevarse a Josué a casa aquel día.

El Anka volvió a hablar. "Hace un mes me enfermé. Tan enfermo que me llevaron al médico en Ayacucho. Pero el doctor no pudo hacer nada. Yo estaba muriendo.

Pero me acordé del año pasado cuando vine a verte. Probablemente no lo sepas, pero vine a verte cuando estabas enseñando".

Josué sonrió levemente pero no dijo nada.

"Hablaste de cómo Jesús puede sanar, que Él tiene el poder para hacerlo. Entonces, en el momento en que pensé que iba a morir, pedí que me llamaran a un pastor. El pastor fue con otros hermanos. Les pedí que oraran por mí".

"Ellos oraron y fui sanado. Entonces, entregué mi vida a Jesucristo. Soy un hombre cambiado ahora. Por eso vengo a pedirte que me perdones".

Josué escogió con cuidado sus palabras. "Yo sabía lo que intentabas hacer", dijo, "pero confié en el Señor. Para mí, hoy es un día especial porque veo que el Señor ha cambiado tu corazón".

"Mira, si eres un creyente como yo, trabajemos juntos. Sé que tu deseo ha sido cambiar nuestro país. Ese es mi deseo también. Enseñemos ambos el Evangelio de nuestro Señor, para que nuestro país cambie".

Por un momento, El Anka lo miró sin decir nada.

"¿Me perdonas?", volvió a preguntar.

"El Señor te ha perdonado y me perdonó a mí también", respondió Josué. "¿Quién soy yo para no perdonar? Por supuesto que te perdono. Eres mi hermano".

Dicho esto, los dos hombres se dieron la mano. La tensión que pesaba sobre el grupo de ronderos armados disminuyó. El Anka sonrió y se levantó para irse.

"Ah, una cosa más, hermano Josué", dijo. "¿Pueden mis hijos venir a tu escuela?".

"¿O sea, a la Escuela Primaria Rómulo Sauñe?", preguntó Josué.

"Sí, creo que ellos también necesitan aprender acerca de Cristo".

Josué sonrió. "Por supuesto."

Agradecimientos

El autor desea agradecer a las numerosas personas que concedieron entrevistas personales para preparar este libro y reconocer las siguientes fuentes escritas, que proporcionaron valiosa información sobre Perú y Sendero Luminoso.

Degregori, Carlos Ivan. *Ayacucho 1969-1979: El Surgimiento de Sendero Luminoso.* Lima: Instituto de Estudios Peruanos, 1990.

Degregori, Carlos Ivan; with Jose Coronel, Ponciano del Pino, Orin Starn. *Las Rondas Campesinas y la Derrota de Sendero Luminoso.* Lima: Instituto de Estudios Peruanos, 1996.

López, Darío. *Los Evangélicos y los Derechos Humanos; La experiencia social del Concilio Nacional Evangélico del Perú 1980-1992.* Lima: Centro Evangélico de Misiología Andina-Amazónica (CEMAA), 1998.

www.ingramcontent.com/pod-product-compliance
Lightning Source LLC
Chambersburg PA
CBHW020421010526
44118CB00010B/352